JN220805

たった21枚の図で
『21世紀の資本』
は読める！

図解 ピケティ入門

髙橋洋一

あさ出版

まえがき

1年ほど前だったか、よく使う書籍通販サイトのトップページに、「売れ筋の本」として1冊の本が紹介されていた。

英語で記された書名は〝Capital in the Twenty-First Century〟――フランスの気鋭の経済学者、トマ・ピケティ氏（以下、敬称略）が書いた経済書で、本国フランスのみならず、アメリカでも大変売れているという。

興味を引かれ、早速、英語版のKindle版を購入して読んだところ、めっぽうおもしろい。その後、みすず書房より出版された日本語版の、主席翻訳者である山形浩生氏から翻訳本が送られてきたので、日本語でも読んでみた。

まず、なぜ、この本は書かれたのだろうか。

ピケティは、世界的な傾向として、一部のトップ層に富や所得が集中し、「持てる者」と「持たざる者」の格差が広がっていることに、強い懸念を示している。

〝Capital in the Twenty-First Century〟＝邦訳『21世紀の資本』を書いた根底には、何とか世の中の不平等を正したい、それにつながる仕事を成したい、というピケティの熱い思いがあるのだろう。

しかし、そういう思いや、その思いからくる政策提言を支えているのは、あくまでも「データ」だ。

ピケティは、20カ国、３００年分ものデータを集積し、じつに壮大なスケールで富や所得の歴史を詳説、我々が生きている世界の格差のあり様をもあぶり出す。

そして、格差の現状をとらえるのみに留まらず、格差是正のために何をすべきか、ということにまで踏み込んでいく。

英語版を読んでいるときに、私がまず感心し、うれしくなったのは、何より図表がふんだんに盛り込まれていることであった。

『21世紀の資本』は経済をテーマにした歴史書といえるが、特に日本では、同類の書籍でもデータに乏しく、失望することが多いのだ。

そこで、本文をじっくり読むより先に、図表をすべて見てみることにした。私は図表マニアなので、本文を読むより先に図表を見て、内容を推測するのが好きなのである。

「たった21枚の図表で『21世紀の資本』がわかる」という本書のコンセプトは、このとき、すでに芽吹いていたといえるだろう。

そして昨年、あと幾日かで年が明けるという、いよいよ年末も押し迫ってきたというころ、あさ出版の担当編集者から、こんな電話が入った。

「話題の『21世紀の資本』を買ってみたけど、分厚いし、難しいし、ぜんぜん読み進められません。ついては、ぜひ解説本を」

――まこと素直というべきか、ここまであっけらかんと訴える彼女にはいつも驚かされる（しかも、「ついては、ぜひ解説本を（書いてくれ）」というずうずうしさ！）。

聞けば『21世紀の資本』は、すでに10万部以上も売れているという。

分厚い経済の専門書が、このような大ヒットとなっているのは、経済の専門家として、たいへん喜ばしいことである。

しかし、その反面、買ってはみたものの、くだんの担当者がいうには、本の分厚さと内容の難しさにはばまれ、挫折してしまう人も多いようだ。

だからなのか、依頼があった時点で、すでに何冊か解説本が出ていた。

ただ、それでもこの依頼を引き受けたのは、『21世紀の資本』の中から、本当に重要な図表をピックアップして解説を加えれば、かなり的を射た解説本になるという確信があったからである。

こうして本になり改めて思うが、本書は、かなり効率的かつ的確に『21世紀の資本』を理解できる手引き書になっていると思う。

なお、本書のPart3には、ピケティの日本未翻訳の論文（2014年12月時点）を抜粋して載せた。これも、ピケティの本をより深く理解する助けになり、さらに同氏の研究の方向性もわかるだろう。


ふだんから専門書を読んでいるという人は、あまり多くはないと思う。特に経済の専門書となると、一般的には難解な数式がたくさん出てきたりするイメージがあるためか、読者を遠ざけてしまうようだ。

しかし、『21世紀の資本』には、難解な数式はいっさい登場しない（いくつか式のようなものは出てくるが、それらを理解することは必須ではない）。

頭が文系だろうが理系だろうが、誰もが読める内容だ。

だから、本書をきっかけに、一度は投げ出した日本語版をまた開く気になる読者、あるいは、買って読んでみようと思う読者がいたらと、密かに願っている。

『21世紀の資本』が、歴史的な著作であることは間違いない。

まずは本書を通じて、ぜひ、その世界に触れてみてほしい。


尚、本書は21枚の図表をもとに私が語ったことを、まとめたものである。

そこには、私と同じように、年末にいきなり、かの編集担当者から電話がかかってきて、超ハードスケジュールでライティングを依頼（強制）された、福島結実子さんの尽力があった。

大いなる同情とともに、私からもお礼申し上げる。

髙橋洋一

Contents

本文デザイン／梅里珠美（北路社）
翻訳協力／浜本亮

凡例

一、本書で使用している図はすべて、http://cruel.org/books/capital21c/にある。
一、図版上には『21世紀の資本』(みすず書房)で該当の図版が掲載されているページ数を表記した。
一、本書の図版の番号は、すべて『21世紀の資本』(みすず書房)に準じている。

Part 1

21枚の図で『21世紀の資本』を読んでみよう！

01

産業革命以来、
欧米は、アジアとアフリカに対して
圧倒的に強い経済力を誇ってきた。
しかし今では、アジアとアフリカが
急速に追い上げており、
地域間の格差は縮まりつつある。

かつて、世界全体の成長を支えてきたのは誰か？

『21世紀の資本』の最大のポイントは、先進国から新興国まで世界中の国々の膨大なデータを可能な限り集め、それらを並べてみたときに、どのようなことが見えてくるのか、という作業をしたことだ。

ピケティに終始一貫しているのは、まず「データありき」で、そこから世界的な傾向を読み解く姿勢である。するとと、今後の推計も立ちやすく、我々がどのような未来を選択したらいいか、ということも見えてくるというわけだ。

そこで**手始めに見ておきたいのが、この世界は、どのように発展してきたのか、という歴史的経緯**である。

一口に「発展」「成長」などといっても、国ごとに人口も違えば、テクノロジーの進み具合も違う。国にはもちろん、地域間の格差もある。

まずは、そのあたりから見ていこう。

より少ない人口で、より多く生産してきた欧米

図1-1「世界産出の分配　1700-2012年」では、ヨーロッパ、アメリカ大陸、アフリカ、アジアの各地域のGDPの、世界GDPにおけるシェアが示されている。

GDPとは、辞書的に言うと「市場で取引された財やサービスの総計」となるが、言い換えれば、国民全員が仕事をして得た所得の総額ということだ。

読者が働いて得た賃金も、もちろんGDPに含まれる。（なお、ピケティは、言葉の概念についてかなり多くの紙面を割いているが、一般の読者にとっては、かえって混乱する元となる。もっと言えば、学者的な関心を除けば、ほとんど不要と思えるところも多い。もし本書をきっかけに『21世紀の資本』を読んでみたいと思った読者には、ピケティを効率的に読み進めるために、コラム②も参考にしてほしい）

1-1 『21世紀の資本』P65

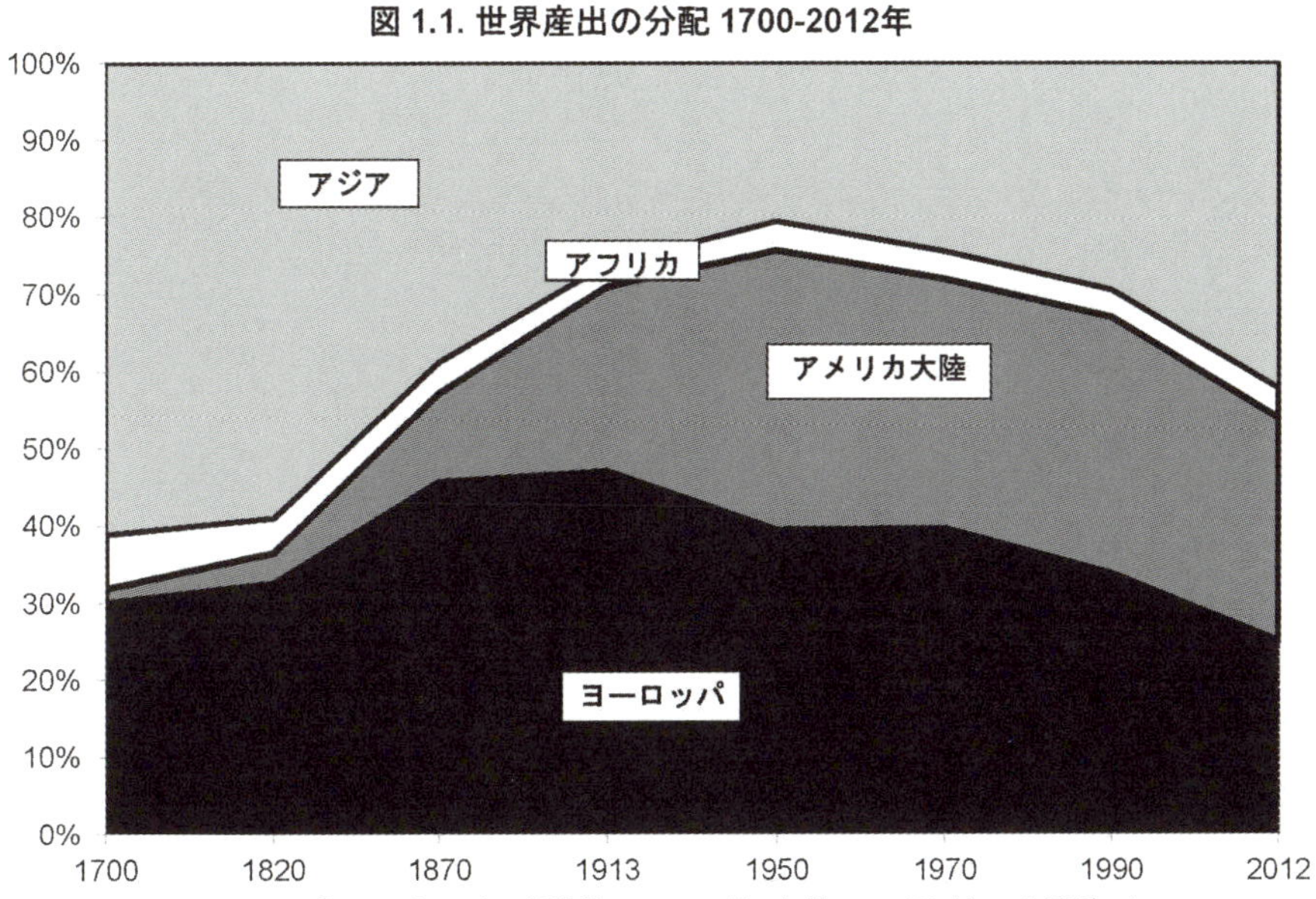

ヨーロッパのGDPは1913年には世界GDPの47%だったが、2012年には25%に下がった。
出所と時系列データ: piketty.pse.ens.fr/capital21c 参照.

また、図1-2「世界の人口分布　1700-2012年」では、ヨーロッパ、アメリカ大陸、アフリカ、アジアなど、各地域の人口の世界人口におけるシェアが示されている。

まず図1-2を見ると、アメリカ大陸とヨーロッパの人口シェアは、アジアとアフリカに対してかなり少ない。

1820年から1870年にかけて、アメリカ大陸とヨーロッパの人口シェアは、合わせて20~30パーセント程度だ。

ところが図1-1の同じ時期を見ると、アメリカ大陸とヨーロッパのGDPは合わせて35~55パーセントくらい。特に目を引くのが、1820年から急激に上昇していることである。

より少ない人口シェアで、より多いGDPシェアを達成していた欧米。その理由は、世界史の教科書を開くまでもなく、もう想像がついていることだろう。

——**産業革命**である。**18世紀半ばに、産業テクノロジーが飛躍的に進歩したことで、欧米では国民1人当たりの生産性が格段に上がった。**

1-2 『21世紀の資本』P65

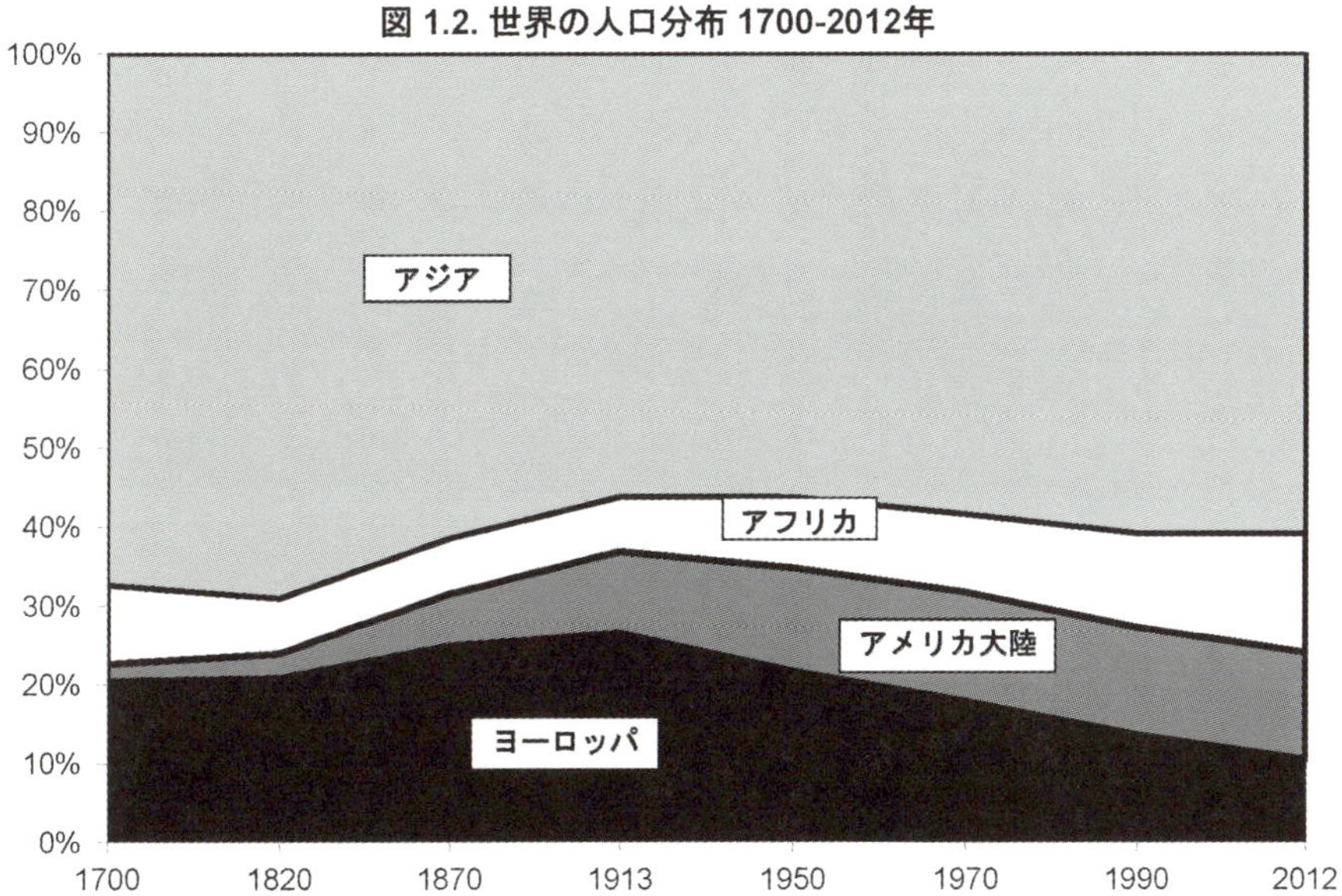

ヨーロッパの人口は1913年には世界人口の26% だったが、2012年には10%に下がった。
出所と時系列データ: piketty.pse.ens.fr/capital21c 参照.

図1‐3「世界の格差　1700‐2012年」では欧米とアフリカ・アジアの、1人当たりGDPの世界平均に対する比率が示されている。

ここでも欧米の1人当たりGDP、つまり国民1人当たりの生産力が、順調に上昇してきたことがわかる。

欧米以外の世界の追い上げがはじまった

図1‐1では、欧米のGDPシェアは、1950年ごろをピークに徐々に下がり、2012年にはざっと50パーセント強にまで下がっている。これは今後も下がりつづけると予測される。それはなぜか。

ひと言でいえば、**産業革命以来、発展してきたテクノロジーは、もはや欧米だけのものではない**からだ。

欧米は、産業革命以来、手にしてきたアドバンテージをすでに失っており、一方で、テクノロジーを手にした欧米以外の世界が、徐々に追い上げはじめて

1-3 『21世紀の資本』P66

図 1.3. 世界の格差 1700-2012年: 拡大してから収斂?

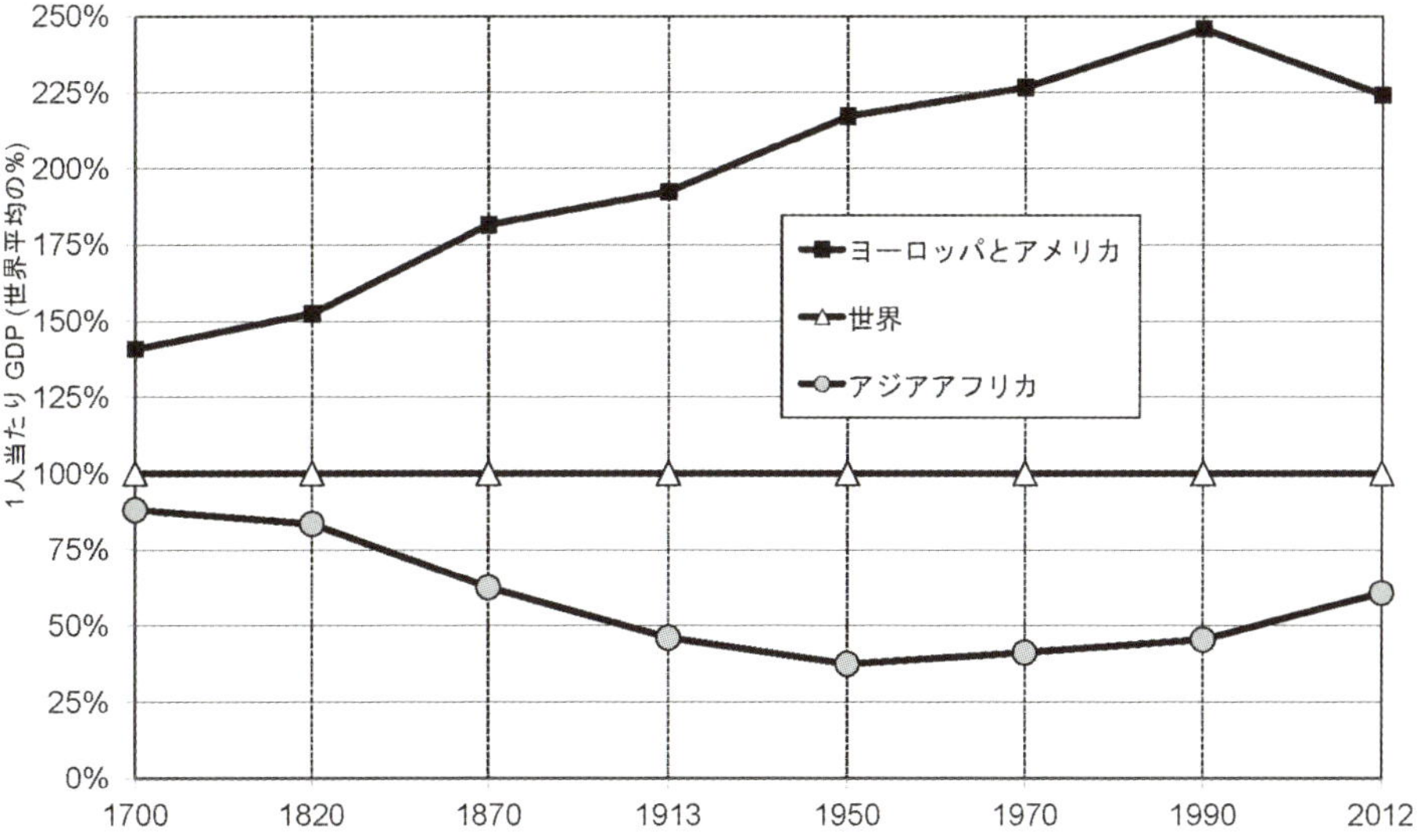

アジアアフリカの1人当たりGDPは、1950年には世界平均の37% だったのが、2012年には61% 。
出所と時系列データ: piketty.pse.ens.fr/capital21c を参照。

きたのである。

ここで再び図1-3を見てほしい。欧米の1人当たりGDPは1700年から上昇しつづけ、1990年には世界平均に対して250パーセントに達した。これをピークとして2012年には225パーセントにやや縮小している。

対するアフリカ・アジアの1人当たりGDPの比率は、1700年から下降しつづけ、1950年には世界平均に対して37パーセントになった。これをボトムとして上昇傾向となり、2012年には、世界平均に対して61パーセントにまで拡大している（大まかな図からは数値が読み取りづらいが、ピケティが図のキャプションに明記している）。

欧米のピーク期とアフリカ・アジアのボトム期は、時期的に完全には一致していない。それでも、**欧米とアフリカ・アジアの1人当たりGDP差は18世紀以降、徐々に広がって1990年あたりに最大になり、その後、縮小をはじめた**ことが、図1-3から読み取れるのである。

ピケティは、このように述べる。

あらゆる兆候を見ても、1人当たり産出がこんなに開いた時代は終わりつつあり、収斂の時代がいまや到来している。その結果としての「キャッチアップ」現象はまだまだ終わってはいない。

産業革命以降、拡大してきた欧米―アフリカ・アジア間の格差は、20世紀終盤から21世紀に入って徐々に縮まっている。今後も、アフリカ・アジア地域の追い上げは続くと考えられ、ますます格差は縮まるだろう。

図1-3を見てもわかるように、両者の1人当たりGDPは、世界平均に向かって〝収斂〟しつつある。

ただ、アフリカ・アジアの新興国は、政治や経済の見通しが立ちにくい。特に中国などでは、今後、国の体制が大きく変わる可能性もある。

したがって、**欧米に対するアフリカ・アジアの追い上げがいつ終了するかは、まだわからない、というのがピケティの見方**である。

Thomas Piketty

02

古代から急激な人口増だった世界は、
20世紀半ばから
急激な人口減少期に入った。
21世紀末には、
アフリカ大陸だけが微増し、
全体的には増加率が
0パーセント水準になると
予測されている。

人口増加率に見る巨大な「釣り鐘型曲線」

次に押さえておきたいのは、世界の人口についてである。**経済は、人口という要素を加味しなければ語れない。一国のGDPは、1人当たりの生産性だけではなく、生産し、所得を得る頭数にも関係しているからだ。**

たとえば1人当たりGDPが1パーセント上昇し、なおかつ働く人の頭数が1パーセント増えれば、単純計算でGDP成長率は2パーセントとなる。つまり**GDP成長率＝1人当たりGDP成長率＋人口増加率**ということだ。人口増は、成長率を下支えするといってもいいだろう。

しかし、現在は世界的な人口減の時代だ。それも急激に減少しており、世界規模で**「人口転換」**が進んでいるといえる。

人口転換とは、社会の近代化にともない、人の出生数と死亡数のバランスが

多産多死→多産少死→少産少死へと変化することだ。

現在は、その最終段階にあると考えられる。

図2-2「世界人口増加率　古代から2100年」では、世界人口増加率の古代ゼロ年からの推移と、国連予測に基づく2100年までの予測が示されている（ちなみに、図にある「中位シナリオ」とは、予測される最高値と最低値の範囲内で、中程度のラインを採用したものだ）。

図2-2を見ると、人口増加率は、古代から20世紀半ばまでうなぎ上りだった。しかし、1950年～1990年の2パーセント弱をピーク期として、その後、急降下している。

1990年～2012年には1・3パーセントくらいに下がったが、下降傾向は止まらないだろう。国連予測では、21世紀末までに0・0パーセント近くに下落、その超低増加率のまま横ばいになると予測されている。

したがって、古代ゼロ年から2100年までの世界人口増加率については、20世紀後半の2パーセント弱を頂点とした、**巨大かつ急勾配な「釣り鐘型の曲**

2-2 『21世紀の資本』P85

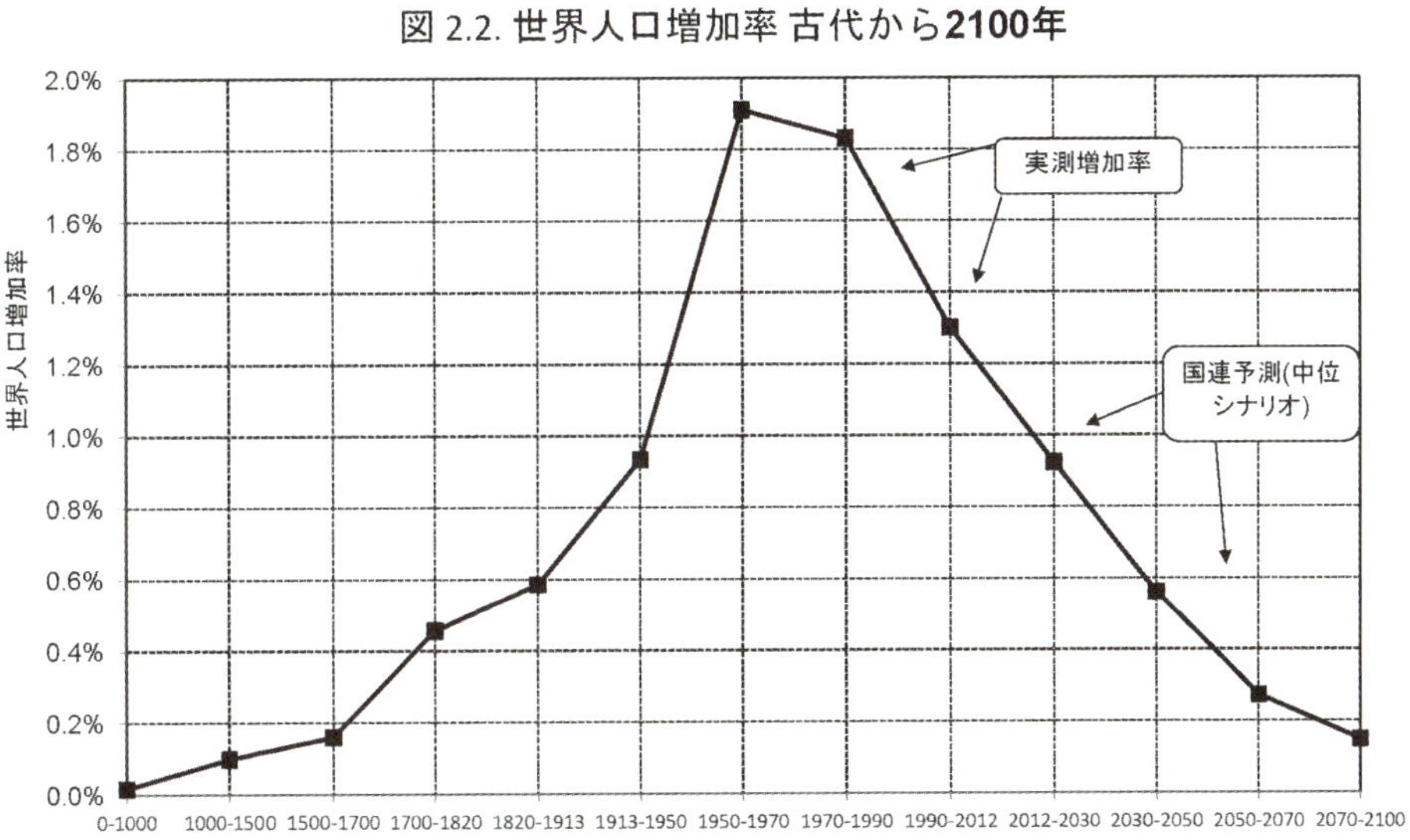

世界人口増加率は、1950-2012年は年1%以上だったが、21世紀末に向かって0%に戻るだろう。
出所と時系列データ: piketty.pse.ens.fr/capital21c 参照.

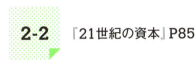

線」が描き出される。

2100年間というロングスパンで描き出された、この釣り鐘型曲線は、この後の項でも重要になるので覚えておいてほしい。

唯一「人口増」となる地域とは？

人口増加率について、ピケティがもう一つ注目しているのが、アフリカ大陸である。

さらに注目したいのは、21世紀後半で予想されている人口増加率（2050-2100年で0・2パーセント）はすべてアフリカ大陸のおかげだということだ（ここの人口増加率は年1パーセント）。他の三大陸では、人口は停滞するか（アメリカ大陸の0・0パーセント）、減ることになる（ヨーロッパはマイナス0・1パーセント、アジアはマイナス0・2パーセント）。

アフリカ大陸では1パーセントの人口増になる一方、それ以外の地域はゼロかマイナスとなる。これらをすべて合わせると、2070年〜2100年には0・2パーセント弱、すなわち限りなくゼロに近い水準になる、というわけだ。

言い換えれば、**全世界で進んでいる人口転換は、アフリカ大陸だけ、より遅く進行すると予測されている**のである。

03

1人当たりGDP成長率は、
人口増加を後追いする形で、
19世紀半ばから上昇しはじめた。
しかし、ピーク期はもう過ぎつつある。
21世紀末には、
1パーセント程度まで
下がると予測される。

21世紀末には、貧困国と新興国が先進国に並ぶ?

図2-4「世界1人当たりGDP増加率　太古から2100年」では、世界の1人当たりGDP成長率の古代ゼロ年からの推移と、2100年までの予測が示されている。

なお、予測の部分は、ピケティ自身が「楽観的予測」と言っている次のような予測に基づいている。

- **最富裕国である西欧、北米、日本が2012年~2100年に年率1・2パーセントで成長する。**
- **貧困国や新興国の追い上げが順調に続いて2012年~2030年に年率5パーセント、2030年~2050年に年率4パーセントで成長する。**

この想定どおりになったら、という前提つきではあるが、ピケティは次のように予測する。

中国、東欧、南米、北アフリカ、中東の1人当たり産出は、2050年には最富裕国の水準に到達する。その後、第1章で述べた世界産出の分配は、人口の分布とほぼ同じになる。

図1-1で見たように、GDPシェアは、産業革命以降、欧米がアジア・アフリカをはるかにしのいでいた。

そのシェアが、2012年になるまでに徐々に少なくなってきたことは、図1-1でも示されていた。また、いったん大幅に拡大した地域格差が、今は縮小しつつあることは、図1-3で示されていたとおりである。

これらを踏まえてピケティは、2012年からさらにずっと先を見たら、現在の貧困国や新興国の追い上げが順調に進み、やがては、GDPシェアが、人口シェアと同程度になる、と予測しているのである。

2-4 『21世紀の資本』P106

図 2.4. 世界一人当たりGDP増加率 太古から2100年

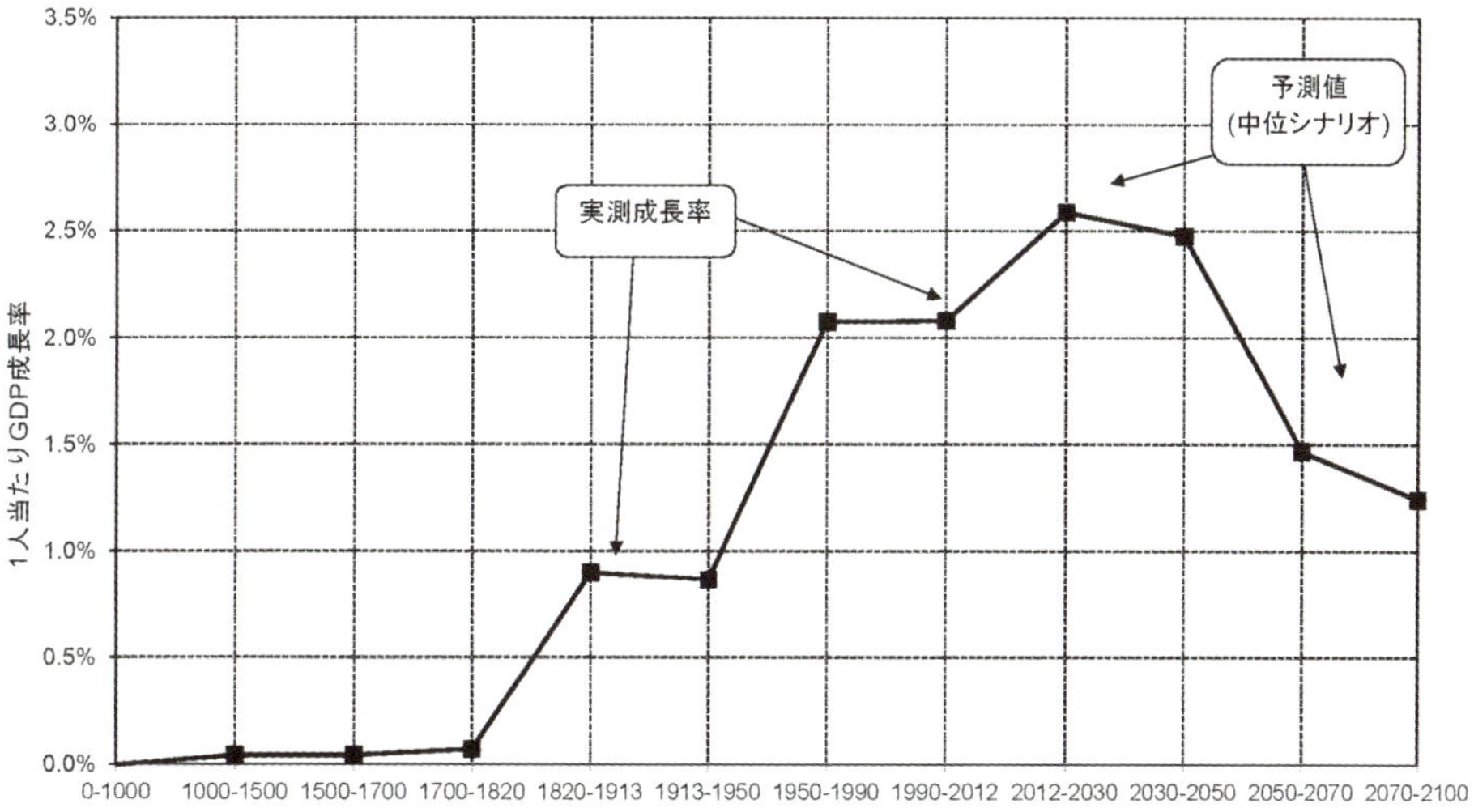

一人当たり産出増加率は1950-2012年には2パーセントを超えた。収斂プロセスが続くなら、2012-2050年には2.5パーセントを超え、その後1.5パーセント以下に下がるはずだ。
出所と時系列データ：http://piketty.pse.ens.fr/capital21c を参照。

人口増加率はゼロ水準になるが、成長率はもう少し高く保たれる

さて、ここで図2-4を先の図2-2と照らし合わせて見てみると、どんなことが見えてくるだろうか。

図2-4を見ると、1人当たりGDP成長率は、世界人口増加率が上昇していた18世紀~19世紀初頭の間もゼロに近いところで推移している。

やっと最初の飛躍が訪れたのは19世紀初頭~20世紀初頭（1820年~1913年）。1パーセント弱にまで上昇している。

その後、2パーセントを超えるが、これは1950年~1990年のヨーロッパの急成長、続いて1990年~2012年のアジア、特に中国の急成長によるものだとピケティは述べている。

そして今後は、21世紀中盤に2・5パーセント強のピーク期を迎えてから下降していくと予測される。

このように、世界人口増加率の推移と予測（図2-2）、世界の1人当たりGDP成長率の推移と予測（図2-4）の**二つの釣り鐘曲線を合わせると、上昇期とピーク期の両方で、1人当たりGDP成長率が世界人口増加率を後追いする形**となる。

ただし、**世界人口増加率が21世紀末には、0パーセント近くにまで減少する**と予測されている一方、**1人当たりGDP成長率は1パーセント強に留まる**と予測されている。

いくら**1人当たりGDP成長率が下がっても、かつての伝統社会ほど低い水準にはならないと予測されているのは、見逃せない点**である。

04

21世紀末、世界のGDP成長率は、1・5パーセント前後になると予測される。

「第三の釣り鐘曲線」で示されていること

図2-5「世界産出増加率　太古から2100年」では、世界GDP成長率の古代ゼロ年からの推移と、2100年までの予測が示されている。

これは、図2-2で見た世界人口増加率と、図2-4で見た世界の1人当たりGDP成長率を足し算すると見えてくる「第三の釣り鐘曲線」になっている。

なお、ここで言うGDP成長率とは、比較対象年からのGDPの変動を単にパーセンテージで示した「名目GDP成長率」に、比較対象年からの物価変動分の調整を加えた「実質GDP成長率」のことだ。

ひと言で言えば、**名目GDP成長率からインフレ率を引いたものが実質GDP成長率**だ。

たとえば、前年比の名目GDP成長率が2パーセントでインフレ率が1パーセントだったら、実質ＧＤＰ成長率は、１パーセントとなる。

このように、比較対象年の物価を共通基準として算出した成長率だから、実質ＧＤＰ成長率も、名目ＧＤＰ成長率とともに、重要な数値といえる。

経済成長がなければ、決して格差は埋まらない

さて、図2-5を見てみよう。

１９５０年～１９９０年には、世界人口増加率と１人当たりＧＤＰ成長率がともに過去最高レベルに達したことを反映して、世界ＧＤＰ成長率は、１９１３年～１９５０年の2パーセント弱から4パーセントに倍増している。

その後、中国などの新興国は高い成長率を示したものの、全体的には減少傾向に転じ、１９９０年～２０１２年には3・5パーセントを切った。

世界ＧＤＰ成長率は今後も徐々に下降していくと見られ、２０５０年～２１００年には１・5パーセント前後まで下がると予測される。

2-5 『21世紀の資本』P108

図2.5 世界産出増加率 太古から2100年

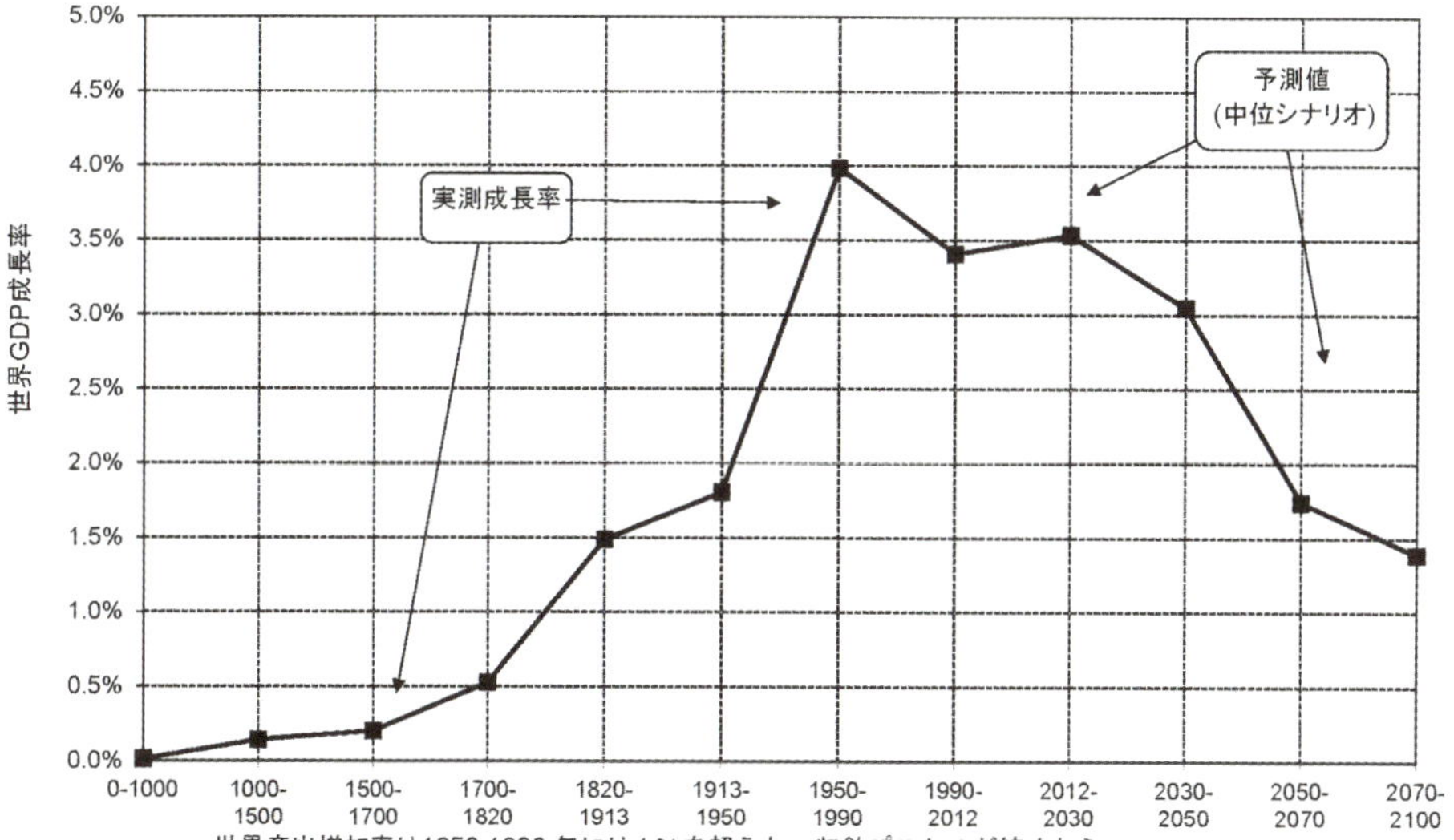

世界産出増加率は1950-1990 年には4 %を超えた。収斂プロセスが続くなら、
2050 年までに2 %以下に下がるはずだ。
出所と時系列データ：http://piketty.pse.ens.fr/capital21c を参照。

すでに認めたように「中位」予測はかなり仮想的なものだ。［中略］これほど楽観的でないシナリオを想像するのは簡単だし、その場合には世界成長の釣り鐘曲線は、グラフで示したよりも低い水準に、もっと急速に下がることになる。

このように認めつつも1・5パーセント前後のGDP成長率を保つと予測している点において、ピケティが、日本でよく見られるような、「成長しなくていい」と考える左派のゼロ成長論者ではないことがわかる。

まず**経済成長がなければ、決して格差は埋まらない。**

Part2でも説明するが、ピケティは課税の累進制を高める、つまりより豊かな人からより多くの税金をとる税制を設けることを、格差是正の切り札として挙げている。

ただ、いくら累進課税を強めても、経済成長という土台がなければ、効果はほんとうに薄い。

ある程度の成長率があれば、そのパイを分け合うということで、ピケティの言う累進課税の強化も、一定の効果を発揮するだろう（ただ、個人的には、ピケティが主張するような国際規模の累進課税強化は、かなり難しいと思う）。

すなわち、成長ありきであり、まず成長があってこそ、格差を正していけるというわけである。

が実行されたことだが、最初の姿勢は正しかったのだ。

　格差を正すために、累進課税を強化するのもいいだろう。

　しかし、特に日本の場合は、まず、もっと景気を回復させ、世界最低水準のGDP成長率を上げることが前提なのである。

　さらに累進課税をやるにも、しっかりとした番号制度（納税者番号）と歳入庁（社会保険料と税の一体徴収）という先進国では当たり前の税インフラを日本でも整備しないと、累進課税すらうまくできなくなってしまう。

　日本ではまだやるべきことが多い。

　なお、ピケティの見解を曲解して、アベノミクスの金融政策批判に使う人もいるので、要注意だ。

　ピケティ本を読んでも、インフレ目標2%に関連したところはあるが、評価をしても否定的ではない。前述した日経新聞のピケティへのインタビューでも、アベノミクスを評価している。

　なぜ、曲解するのか。それは、格差の是正策として、資産課税かインフレかを質問して、その答えをアベノミクスの金融政策批判として、「編集」するからだ。

　確かに、ピケティは、格差是正対策としては、インフレも効果があるとしながら、資産課税の方が優れていると考えている。

　しかし、それはマクロ経済政策としての金融政策を批判したものではない。

　アベノミクスの金融政策は、インフレ目標2%での量的緩和策だ。アメリカ、イギリス、カナダ、ユーロで採用されている国際標準だ。これが間違いなら、世界の先進国すべてが間違いになる。

　ピケティのようなまともな経済学者なら、いうはずない。

Column 1

ピケティが見た「日本の経済」

図2–5で述べたように、ピケティは今後の世界のGDP成長率を1.5パーセントくらいと予測している。

しかし、日本だけで言えば、このままいくとその予測よりずっと低くなると見るべきだろう。なぜなら、ここ二十数年間、日本のGDP成長率は、世界最低水準にあるからだ。図2–5でも示されているが、2012年の世界GDP成長率は3.5パーセントくらい。しかし日本は、2014年の時点で1パーセントにも満たない。

勘違いしないでほしいのだが、どこか急速に成長している国が世界GDP成長率を引き上げているのではない。大半の先進国や新興国がこの水準で、日本だけが低いというのが実情である。

そんな日本を、ピケティはどう見ているのだろうか。

2014年12月22日の日本経済新聞に掲載されたインタビューでは、こんなふうに答えている。

「安倍政権と日銀の物価上昇を起こそうという姿勢は正しい。2～4パーセントの物価上昇を恐れるべきではない。4月の消費増税はいい決断とはいえず、景気後退につながった」

政府と日銀がインフレ目標を立て、それを断固としてやり遂げる意思と確実に達成できる手段を示すと、人々のマインドがデフレからインフレ予想に変わり、実際にインフレになるという経済論理がある。信頼を得た中央銀行に従うほうが合理的だからだ。

こうしてデフレ脱却することは、GDP成長率を高める第一歩となるのだが、安倍政権は第二次政権発足直後に、この方式をとった。ピケティが言うように、惜しむらくは、その後、消費増税

05

第一次・第二次世界大戦を機に、
欧米の富裕国では、
最大17パーセントの
大きなインフレが起こった。
1990年以降は、
おおむね2パーセント前後に
なっている。

経済を語るうえで欠かせない「インフレ率」

ここまでは、世界の経済成長の推移を、人口増加率や1人当たりGDP成長率を踏まえて見てきた。

産業革命前夜から現代、また古代ゼロ年から2100年という、かなり長いスパンで推移を示し予測を立てた各図からは、世界経済の大きな「うねり」を感じることができたと思う。

では、そうした変化はいかに生み出されるのか。

もちろん、**人口増加率だけでは説明がつかない。産業革命もそうだが、経済状況の推移にはさまざまな歴史的背景が関わっている**のだ。

そこでまずピックアップしたいのが、欧米の富裕国のインフレ率、つまり物価上昇率が辿ってきた推移である。

ちなみに、よく「消費者物価指数」という言葉を耳にすると思うが、概念は同じである。消費者物価指数が下がれば「デフレ（デフレーション）」、上がれば「インフレ（インフレーション）」ということだ。

この項だけを読んでも、何がどう関係してくるのか想像がつかないかもしれない。

しかし、**社会状況や金融政策に大きく左右されるインフレ率は、世界の経済成長率や格差を語るうえでは欠かせない要素**である。もちろん、本書のあとあとの項でも重要になってくるので、飛ばさずに読んでほしい。

20世紀前半に、急激に上がったインフレ率——なぜか?

図2-6「産業革命以来のインフレ」では、フランス、ドイツ、アメリカ、イギリスの各国の、1700年から2012年までのインフレ率の推移が示されている。

見てすぐにわかるように、1870年までは0パーセントかそれ以下で、ほ

2-6 『21世紀の資本』P115

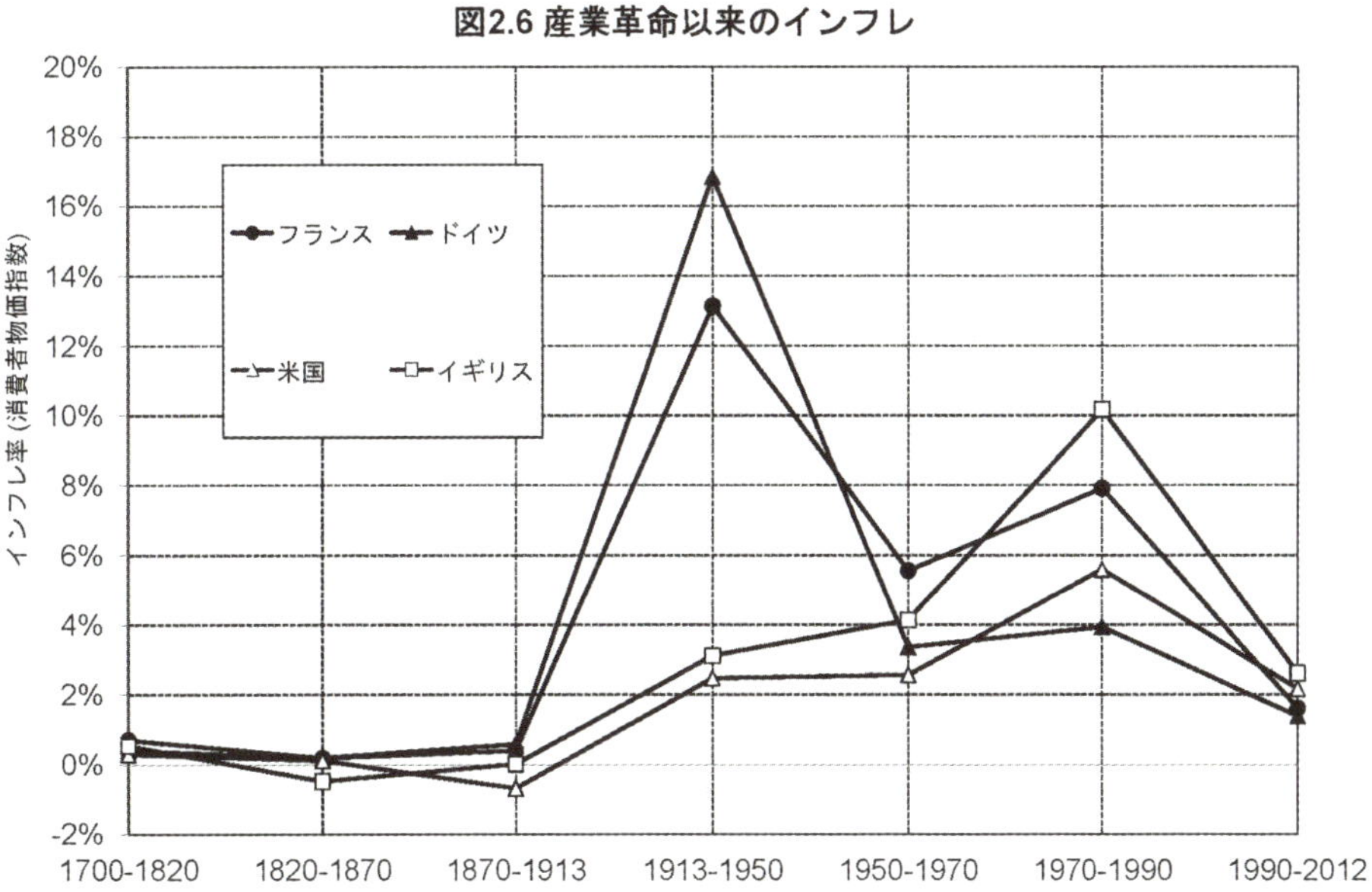

金持ち国のインフレは、18世紀と19世紀にはゼロで、20世紀には高く、1990年以来おおむね2パーセント。
出所と時系列データ：http://piketty.pse.ens.fr/capital21c を参照。

とんど変化していない。しかし、20世紀前半に突如として、しかも急激に上がっている。これはいったい、どうしてなのだろうか。

じつはこの時期、貨幣制度において、世界的に非常に大きな変化があった。それまでのお金に対する価値観を、根底から覆したといってもいいくらいの変化だ。**「金本位制」の廃止**である。

金本位制とは、黄金を通貨価値の基準とし、各国の中央銀行に保管されている黄金と紙幣の兌換《だかん》が保証されている通貨制度のことだ。

つまり、当時は、紙幣が黄金の代替物であり、いわば黄金との〝引換券〟として使われていたということである。

第一次世界大戦前までは、みな金本位制だった。ところが、**二つの世界大戦を機に、金本位制は世界的に失われた。**黄金の産出量が前提となる金本位制では、膨大な戦費を到底まかなえなかったからである。

そこで**第一次世界大戦の主要交戦国であった欧米各国は、黄金の産出量とは関係なく、どんどん紙幣を刷って資金を作るという金融政策に切り替えた。**

そのため、**欧米では第一次世界大戦（1914年～1918年）から第二次世界大戦（1939年～1945年）後にかけて、急激な物価上昇（インフレ）が起こった**のだ。

図2-6に示されているように、1913年～1950年にイギリス、アメリカでは3パーセント前後、フランスでは13パーセントくらい、そしてドイツでは17パーセントくらいというインフレ率になっている。

フランス、ドイツはもちろんだが、アメリカ、イギリスの3パーセント前後というインフレ率も、1700年から1913年までのインフレ率が0パーセント水準だったことを考えれば、急激なインフレが起こったといえる。

物価は、ひと言でいえば「モノとカネのバランス」で決まる。カネよりモノが溢れればデフレとなり、モノよりカネが溢れればインフレとなる。

したがって、**第一次世界大戦から第二次世界大戦後にかけて欧米で起こった急激なインフレは、戦費捻出のために金本位制を放棄し、カネを大量に刷ったから**、ということになる。

おまけに、戦争では生産施設が破壊される。つまりモノが少なくなり、カネが溢れるから、戦後、インフレになるのは当然だったのである。

物価変動がつきものになった現代

第二次世界大戦後、金本位制を復活させる試みもあったが、続く第二次世界大戦によって頓挫した。第二次世界大戦後に確立された金本位制も、ピケティに言わせれば「脆弱」だった。

そして**最終的にドルの黄金兌換が停止された1971年に、金本位制は世界的に廃止された**のである。

こうして、それまでほぼ0パーセントと、ほとんど物価が変わらなかった欧米は、物価変動という不確実性をつねに考慮しなければならなくなった。

現に第二次世界大戦後の急激なインフレが落ち着き、1950年〜1970年には各国のインフレ率はいったん2パーセント強〜6パーセント弱にまで落ちたが、1970年〜1990年にはまた4〜10パーセントにまで上がった。その後、インフレ率は下落を続けて1990年〜2012年には2パーセント前後になっている。しかし、このまま下がって、第一次世界大戦前のような0パーセント水準になるとは考えにくい。ピケティは、次のように指摘する。

2007-2008年以来起こった金融政策の変化、特にイギリスと米国での変化を考慮に入れると、この年率2パーセントのインフレが今後ちょっと高くなることは十分にあり得る。今日の金融レジームは1世紀前に動いていたレジームとは大きくちがっている。［中略］この段階では単に、安定した通貨参照点が20世紀に失われたというのは、それまでの世紀からの大幅な逸脱なのだと強調しておきたい。

2007年〜2008年以来、特にアメリカ、イギリスではインフレ目標がとられた。インフレ目標は通常2〜4パーセントで立てられるから、インフレ率は2パーセントより少し高くなることも予測される、ということだ。

もともとは戦費捻出のための金融政策がインフレを呼んだわけだが、その傾向は第二次世界大戦後も変わらなかった。**「安定した通貨参照点」は、二つの世界大戦にともなう金本位制の崩壊とともに、20世紀に失われたの**である。

インフレは悪いことではない

しかしインフレが悪いことか、といえばそうとはいえない。

公的債務(国の借金)においては、インフレが解決策の一つとなるからだ。

インフレが起こると、公的債務の負担は低くなるのである。

たとえば100円の国債を買ったとして、1年後にインフレが起こって物価が3倍になったとしよう(もちろん、実際にはこのようなインフレ率はありえないが、わかりやすい数字を使って説明する)。

いくら物価が上がっても、100円の国債は、100円のまま変わらない。

しかし物価は3倍に上がっている。1年前なら償還された100円で買えたものが、300円出さないと買えなくなっている。つまり、国債の価値が下がっているということだ。

この視点を変えて、返すほうの国から見れば、借金の負担が3分の1に減ったことになる。インフレが起こると公的債務の負担が軽くなるといったのは、こういうわけなのだ。

ピケティも、インタビューの中で「財政面で歴史の教訓を言えば、1945年の仏独はGDP比200パーセントの公的債務を抱えていたが、50年には大幅に減った。もちろん債務を返済したわけではなく、物価上昇が要因だ」と述べている。

このように、**公的債務において、インフレに一定の効果があると言っている時点で、ピケティが、いわゆるデフレ論者ではないことがうかがわれる。**

それはさておいても、とにかく二つの世界大戦をまたぐ時期に、インフレ率のグラフは大きな山を描いている。この点を、よく覚えておいてほしい。

06

二つの世界大戦と世界大恐慌の影響で、ヨーロッパの民間資本は、大きく減少したが、1970年代以降は増加している。

「資本」とは何か？

ここからは、いよいよ『21世紀の資本』の主概念とも言える、「資本」について見ていきたい。

まず、資本とは何か。

ピケティは、「資産」と「資本」をほぼ同じ意味で使っており、所有する不動産も金融資産も、すべて資本になると言っている。

ただ、資本のカウント法については、一つ気をつけなければいけないことがある。**資本には大きく分けて、不動産などの実物資産と株などの金融資産があるが、これらをすべて足すと二重計算になってしまう**のである。

たとえば私が、100万円の家を持っているとしよう。この家そのものは、私にとっては「実物資産」だ。

誰からもお金を借りていない場合は問題ないが、家を買うために銀行から借りたときは注意しよう。借入金100万円は、私にとっては「負債」となる。

一方、私が借りた100万円は、銀行にとっては貸付金であり、貸付金は「金融資産」である。つまり、私にとっては「家」、銀行にとっては「貸したお金」という両方の意味で「資産」としてカウントされるため、金融資産と実物資産を足すと二重計算になってしまうのだ。

株や預金にしても同様である。

特に預金というと「銀行に預けてある自分のお金」と思いがちだが、銀行は、預かったお金を企業に融資している。つまり、預金は預金者にとっては「金融資産」だが、銀行にとっては「負債」ということになる。

そして、これが銀行の貸付金となり個人が持っている株や預金も、めぐりめぐって企業の「実物資産」に回っていると考えればいい。だから、実物資産と金融資産を足すと、やはり二重計算になってしまうのだ。

では、どうやって資本をカウントすればいいのか。一つの実物資産が、一方では同じ額の金融資産としてカウントされているのだから、その分を省く、要するに、**基本的には実物資産だけカウントすればいい**ということになる。

二つの世界大戦と、ヨーロッパの資産家たちの財力低下

さて、ピケティに戻ろう。

図4-4「ヨーロッパの民間資本と公的資本　1870-2010年」では、ドイツ、フランス、イギリスの各国の、民間資本と公的資本の推移が示されている。

民間資本とは、個人や企業が持っている資本、公的資本とは公共の建物やインフラなどの「公共財」、すなわち国が持っている資本を意味する。

推移は1年の国民所得に対する資本の比率で示されており、この比率を、ピケティは、**「資本/所得比率」**と言い表している。

これは要するに、国内の資本の総額が、その年の国民所得の何年分になるか、

という比率である。たとえば資本／所得比率が200パーセントなら、資本は所得の2年分ということだ。

図4-4を見ると、まず、国民資本（公的資本＋民間資本）の長期的な変動は、ほとんどが民間資本の変動によるものであることがわかる。公的資本は多少の変動は見られるものの、民間資本の変動のほうがはるかに大きい。

なお、今後、本書で**『21世紀の資本』のメインテーマである「格差」を語る際には民間資本が主**となる。本書の目的は、よりシンプルに『21世紀の資本』を理解してもらうことなので、ここでも、図中の民間資本に絞って説明したい。

3カ国の民間資本は、20世紀前半から所得比で大きく減少している。

1910年には国民所得の600～700パーセントだったのが、1920年ごろに、250～450パーセントくらいにまでガクンと下がった。

1930年ごろにいったん少し持ち直すも、1950年には、200パーセント弱～300パーセントくらいにまで落ち込んだ。つまり、1910年から1950年の間に、400パーセントほども減少したことになる。

4-4 『21世紀の資本』P152

図4.4 ヨーロッパの民間資本と公的資本 1870-2010年

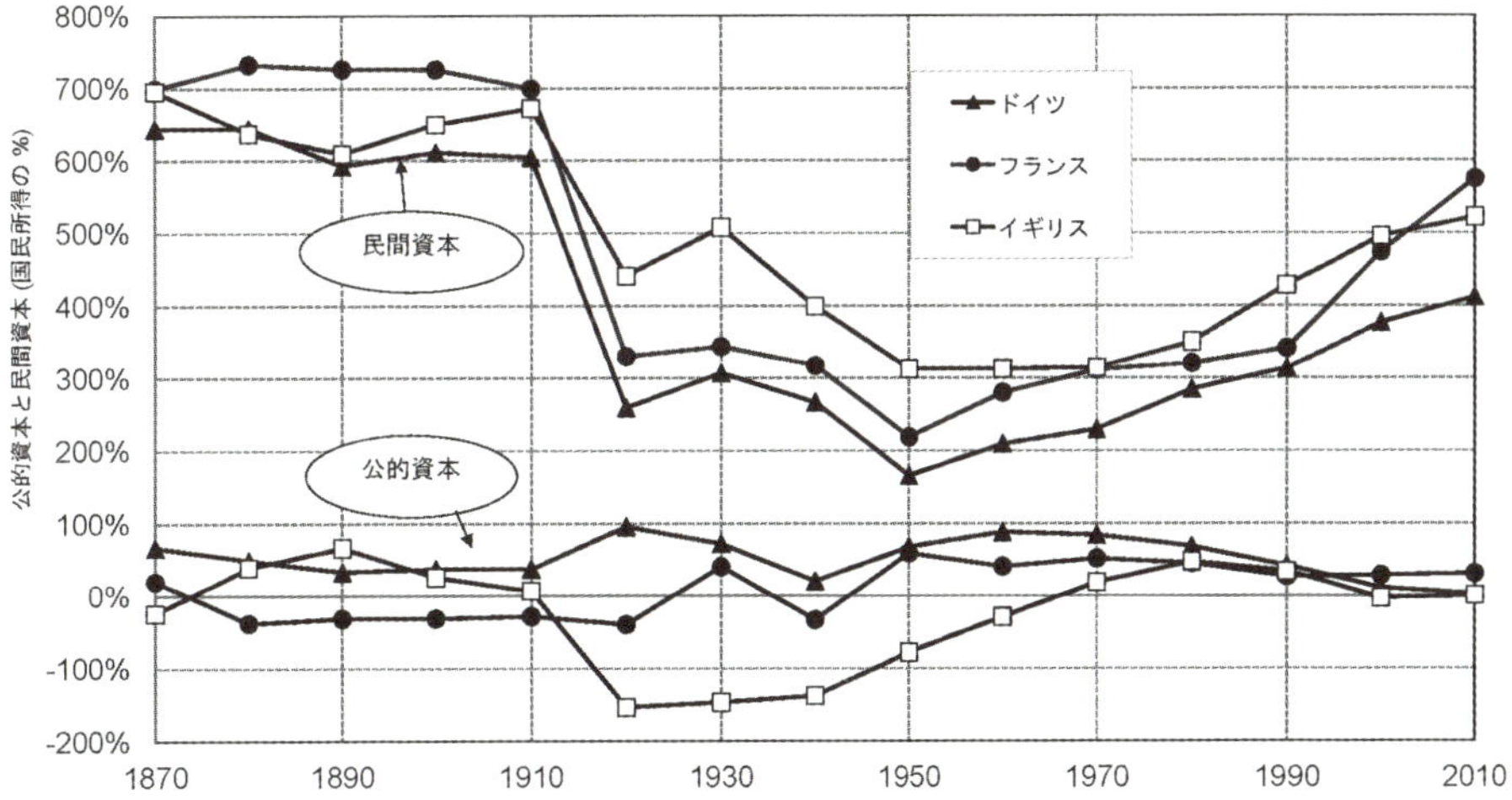

ヨーロッパの長期的な国民所得変動は、ほとんどが民間資本変動のせいだ。
出所と時系列データ：http://piketty.pse.ens.fr/capital21c を参照。

図はドイツ、フランス、イギリスの３カ国のみ扱っているが、20世紀前半に始まる大幅な減少、そして、その後の復活は、ヨーロッパ全体に共通する傾向だったようだ。ピケティは、次のように述べている。

この現象はヨーロッパ諸国すべてに生じたものだという点に注目。入手可能な資料のどれもが、イギリス、フランス、ドイツ（１９１０年、２０１０年に、合計で西欧のＧＤＰの3分の2超、ヨーロッパ全土のＧＤＰの半分超を占めた国々）で見受けられた変化はヨーロッパ全土に見られたものだ、と示唆している。国ごとの興味深い差異は見受けられるが、全体的な傾向は同じだ。

まず、この大幅な減少は、なぜ起こったのか。

戦争によって不動産などが破壊されたという「物理的な損害」ももちろん関係しているが、それ以上に、**二度の世界大戦が、財政と政治に与えた影響**のほうが大きい。**外国資本の損失と、国民の貯蓄率の低さ**だ。

ピケティは、次のように指摘する。

外国資本減少の一因は、革命による収用と、非植民地化プロセスにあった（ベル・エポック期にフランスの貯蓄者の多くが引き受けて、1917年にボリシェヴィキが支払いを拒否したロシアへの融資、そして1869年以降スエズ運河を所有して配当と使用料を得ていたイギリスとフランスの株主たちを落胆させた、1956年のナセルによるスエズ運河の国有化を思い出してほしい）。

革命による収用とは、ロシアに融資していたヨーロッパの資本家たちの資金が、ロシア革命によって焦げついたことを示す。

また、非植民地化プロセスにおいては、それまで植民地のさまざまな利権で儲けていたヨーロッパの資産家たちが、大きく収入源を失うことになった。

たとえば、ピケティも例に挙げているスエズ運河である。

スエズ運河は、1869年、フランスとエジプトの出資のもと開通したが、このせいでエジプトは財政破綻に陥り、イギリスに保有株を譲渡。エジプトはイギリスの保護国となった。

以来、イギリスとフランスの資産家たちは、スエズ運河の配当と利用料を得てきた。しかし、1956年、エジプト大統領に就任したナセル大統領がスエズ運河を国有化したことで、その利権を失ってしまったのだ。

戦争で貯蓄率が激減、わずかな貯蓄も戦費に回された

そして、**革命による収用や非植民地化プロセス以上に大きかったのは、1914年〜1945年の民間貯蓄率の低さ**だった。

第一次世界大戦が勃発し、ヨーロッパが栄華を謳歌したベル・エポック期が終わると、ヨーロッパの資産家たちの所得は激減した。

そのため、一般人はもとより、資産家の貯蓄率も低くなった。

そこで一部の資産家は、生活水準を保つために外国資本を切り売りしていった。ここでも外国資本が、大きく失われることになったのである。

また、わずかな貯蓄も、二度の世界大戦の戦費に使われた。

資産家たちも、「戦争に負けるくらいなら」とばかりに政府に多額の貸し付

けを行ない、なかには外国資本を売って政府に融資する資本家もいた。

しかし図2-6で見たように、1913年~1950年には急激なインフレが起こったため、民間資本を切り崩してひねり出された資金は、特にフランス、ドイツではすぐに失われることになり、資産家たちが買った国債は、紙くず同然となってしまった。

インフレ時には、国債の価値が大きく下がるということは、図2-6において説明したとおりである。

イギリスでは比較的緩やかにインフレが進んだが、図4-4に示されているように、資本/所得比率が大幅に減ったという点では、独仏と同様である。

さらに、二つの大戦の間にも、1929年にはじまる世界大恐慌の大ショックが起こり、次々と企業が倒産、多くの株主や債券保有者が破産した。

このように、**世界大戦と大恐慌という激動の時代のなかで、資本は大打撃を被った。こうして、資本/所得比率は大きく減っていった**のである。

図4-4は、その様を如実に表しているというわけだ。

第二次世界大戦後は、「政治意図的に」資産家の財力が削がれた

加えて、**第二次世界大戦後の資本／所得比率の減少は、資産家の力を削ぐための諸政策によって導かれた**、ということも付記しておかなければならない。

１９４０年代などのインフレ期には家賃統制政策がとられ、不動産価格が下落した。家賃統制政策とは家賃の上昇を規制する政策であり、これにより不動産から得られる利益が減ったからである。

また、大恐慌と、戦後に相次いだ企業の国有化によって株式市場への信頼が大きく揺らぎ、株価の下落を招いた。

国有化とは要するに民間企業の株を国が買い取り、国の仕事をさせるということだ。たいていは格安で買われてしまう。

戦後は、いろいろな政策をやりやすくするために、企業の国有化が進んだが、そうすると必然的に民間のビジネスが少なくなる。言い換えれば、いつ国有化

されるかわからないという不信感が生まれ、株式投資は控えめになるということだ。だから企業の国有化は、株価の下落要因となる。

そこへ加えて配当課税や利潤課税など、資本から得た収益に税金がかけられることになったために、資産家の財力はどんどん削がれていった。

ただ、**これらの政策によって資産家の財力が削がれたことは、資本／所得比率が大減少した要因の「4分の1〜3分の1」程度だとピケティは言う。**

やはり先に挙げたような**数量効果（国民貯蓄率の低さ、外国資産の損失、資産の破壊）がもっとも大きな要因**だったようだ。

このように、激動の時代背景のなかで多くの資産家が破産し、また破産を免れた資産家も生活していくため、あるいは戦費を融資するために、貯蓄や外国資本を大幅に失った。

20世紀前半に見られた資本／所得比率の大幅な減少傾向は、二度の世界大戦や大恐慌などで、民間資本が激減したことが要因といえるのだ。

では、その後、復活したのはなぜか。それは次項で説明する。

07

アメリカでも、世界大恐慌と第二次世界大戦の影響で民間資本が減少したが、1970年代以降は増加している。

ヨーロッパほど大きな打撃を受けなかった、アメリカの資産家たち

前項で見たように、ヨーロッパでは、二度の世界大戦と世界大恐慌の影響で、民間資本がかなり大きく減少した。

では、アメリカはどうか。

図4-8「米国の民間資本と公的資本 1770-2010年」(図には「1870年-」と記載)では、アメリカの国民資本、民間資本、公的資本の推移が示されている。

図4-4と同様、推移は1年の国民所得に対する資本の比率、すなわち資本/所得比率で示されている。

図4-4と比べると、1910年〜2010年の間、ずっと300パーセント強〜500パーセントと、アメリカの資本/所得比率はヨーロッパよりはるかに安定していた。

ただ、二度の世界大戦と大恐慌が、アメリカにまったく影響しなかったわけではない。特に第二次世界大戦中は、戦費捻出のために政府は盛んに国債を発行し、国民に向けて「国債を買え」と一大キャンペーンを張った。そのために、国民の貯蓄率は下がった。

また大恐慌下では、ルーズベルト政権が家賃統制政策をとり、さらに第二次世界大戦後には累進課税が導入された。

こうして1930年代には500パーセント近かった民間資本は、1970年には350パーセントくらいに縮小。**ヨーロッパの推移に比べればかなり緩やかだが、無視できないレベルの減少を見せた**のである。

1970年代以降、富裕国の民間資本は増えつづけている

このようにいったんは減少した民間資本だったが、1970年以降は、ふたたび増加傾向に転じている。

4-8 『21世紀の資本』P161

図4.8 米国の民間資本と公的資本 1870-2010年

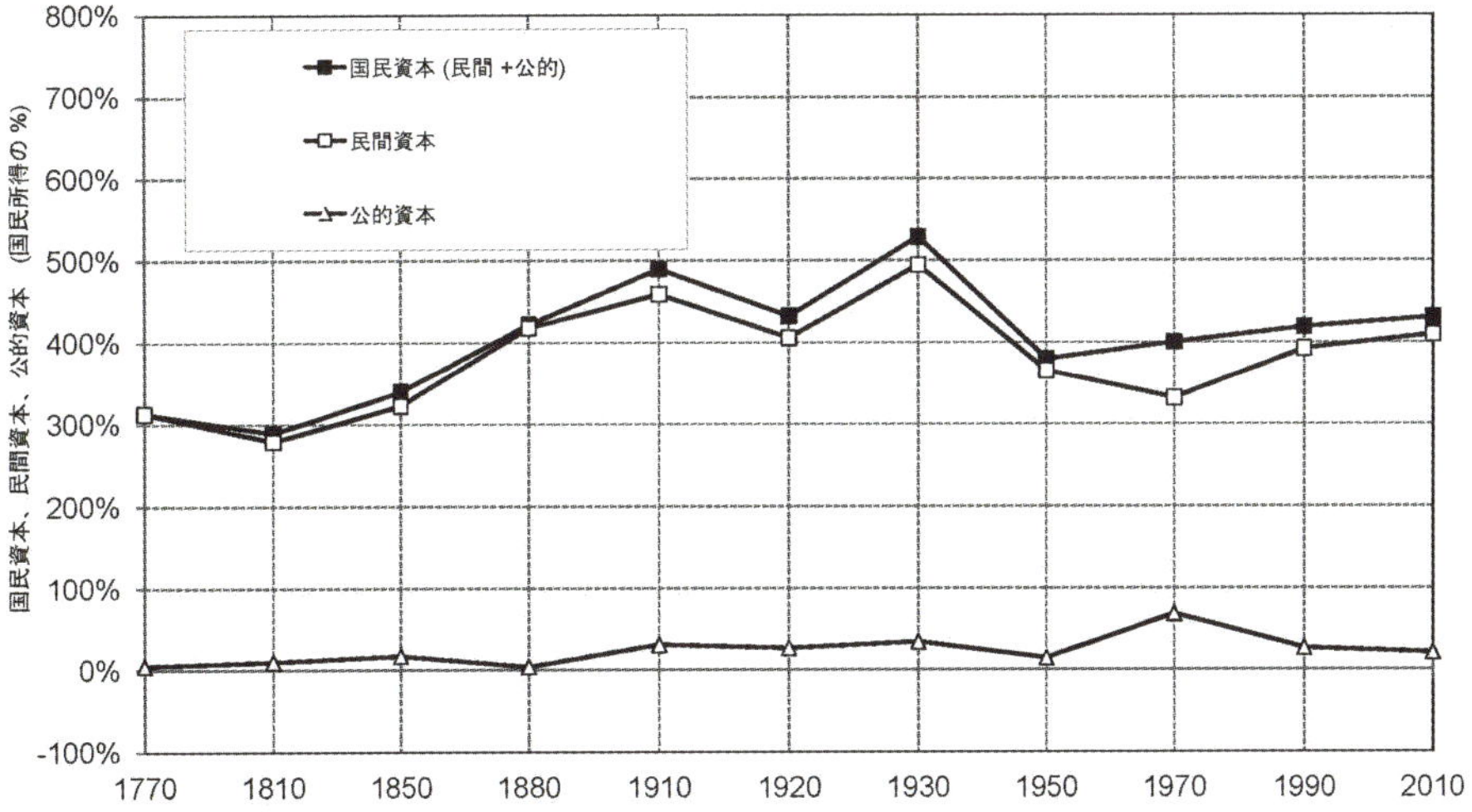

2010 年の公的資本は国民所得0.2 年分近く。これに対し民間資本は国民所得400 パーセント以上。
出所と時系列データ：http://piketty.pse.ens.fr/capital21c を参照。

これは、アメリカだけの傾向ではない。

図4-4で見たドイツ、イギリス、フランスも、いったん下がった民間資本が、1970年代以降は着々と上昇していることが見て取れるだろう。

さらに、カナダ、日本、オーストラリアなど他の富裕国でも、国による程度の差はあるものの、共通して、1970年代以降は民間資本が上昇しているというデータをピケティは示している。

では、なぜ、資本／所得比率は再び増えはじめたのか？

それには、**二つの原因**が考えられる。

一つは**民営化**、もう一つは、**資産価値そのものの上昇**だ。

まず、民営化から説明しよう。

図4-4でも図4-8でも、1970年代以降、各国の民間資本は上昇する一方、公的資本はじりじりと下落していっている。民営化とは、言い換えれば公的資本が民間資本に移行することだ。だから、両者のこの変動は、公共施設などの民営化が進んだことが、民間資本を押し上げたためといえるのだ。

戦後、急落した資産の価値が復活したことも一因

しかし、民営化だけでは、民間資本の上昇は説明できない。公的資本の減少率より、民間資本の増加率のほうがずっと高いからだ。

そこで考えられるのが、**資産価値の追い上げ効果**である。二つの世界大戦で大幅に下落した資産価値が、戦後、徐々に復活したのだ。

ピケティは、資本／所得比率βは、国民所得に占める貯蓄率s／GDP成長率gで求められるとしている（β＝s／g）。

たとえば、毎年、国民所得の12パーセントを貯蓄し、年率2パーセントで成長している国の資本／所得比率は、長期的には600パーセントになる。

つまり、**毎年、より多く蓄え（つまりsの数値がより高く）、よりゆっくり成長する（つまりgの数値が0以上でより低い）国ほど、資本／所得比率は高くなるということだ。**

現に、ピケティが独自に作成した時系列データによれば、**欧米の資本／所得比率の推移は、貯蓄率および成長率の増減との整合性が見られる**という。

しかし、図4-4、4-8で見たような1950年代前後の資本／所得比率の最低水準は、$\beta = s / g$で求められる水準より、さらに低かったという。

再びピケティを引用する。

> 長期的に見るとヨーロッパの資本／所得比率が米国に比べて構造的に高いという事実は、貯蓄率の差、そしてとりわけ過去1世紀の成長率と完全に整合している。1910-1950年の減少は、国民貯蓄率の低迷、戦時中の破壊と符合しているし、1980-2010年の資本／所得比率の上昇が1950-1980年に比べて急激だったことは、この両期間の間の成長率の減少で、きちんと説明できる。
>
> それでも、1950年代の最低水準は、$\beta = s / g$の法則で求められる単純な蓄積の論理から予測されるより低かった。

そこでピケティが再度触れているのが、**第二次世界大戦後に、資産家の財力を削ぐためにとられたさまざまな政策（家賃統制、金融規制、配当課税・利潤課税・累進課税などの導入）**だ。

これらの政策によって、資産価値そのものが下げられたために、資本／所得比率は、法則で求められる値よりも低くなったということである。

しかし、第二次世界大戦後の１９５０年代以降、資産価値は次第に復活し、１９８０年以降には急激に上昇した。

ピケティは、こうした**資産価値の「キャッチアップ・プロセス」は、すでに完了している**と見ている。

すでに触れたように、20世紀後半、富裕国全般に見られた民間資本の上昇は、民営化だけでは説明できない。

民営化によって公共資本が民間資本に移行すると同時に、資産そのものの価値が上がった。この2点が、二つの世界大戦と世界大恐慌で激減した民間資本が、じわじわと上昇してきた理由と考えられるのである。

これが三面等価の原則である。

お金は世の中をぐるぐる回っているから、結局はすべて同じ値になるということだ。

となると、たとえば「成長率」と言うときに、「所得成長率」といっても、「GDP成長率」といっても同じである。要するに注目している点が「所得」か「生産」かの違いだけで、見ている数値は同じということだ。

この原則がわかっていれば、いちいち用語でつまずかずに読み進められるはずだ。

こうした理解が読書の助けになることは、『21世紀の資本』を読み進めるにつれ実感するだろう。もちろん、それ以外の経済書や経済に関する記事等も、ぐんと理解しやすくなるはずだ。

Column 2

『21世紀の資本』を効率的に読むコツ

本書をきっかけに『21世紀の資本』を読んでみよう、と思った読者もいるかもしれない。

ただ、一般の読者が経済学の本を読むとき、大きな壁となるのは、用語への不理解だろう。

学者は意味がわかって書いているから、いちいち注釈など加えない。だから、読者は、まず用語で混乱し、投げ出す羽目になりかねない。

そこで、もし、『21世紀の資本』をより効率的に読みたいと思うのなら、ぜひ「三面等価の原則」を知っておいてほしい。

これは大学の経済の授業でも最初のほうに教える、経済学の「初歩中の初歩」の知識である。

三面等価とは、「生産面」「分配面」「支出面」の三つが、概念としては同じ値になるという経済論理だ。

「生産面」とは、生産の段階で生じる付加価値の総計。モノを作って売った売上から、仕入れなどの経費を引いたものである。

「分配面」とは、作って売って得た利益を分配したもの。社員への給料や株主への配当などの、要するに「所得」の統計である。

そして、人は、働いて得た給料や株の配当を、モノを買うことで消費する。これが「支出面」である。余ったお金は貯金するかもしれないが、銀行は預金を企業に貸し付けるので、これも支出にカウントされる。

企業の付加価値の総額は、所得の合算にもなって、消費などの合算にもなる。

08

19世紀後半からの推移を辿ると、
世界の資本／所得比率については、
「U字曲線」が描かれる。
21世紀末にはそれが
700パーセント近くになると
予測される。

20世紀初頭から21世紀初頭に描き出された「U字曲線」

次に見るのは、もっと長いスパンで推計と予測を立てた、資本／所得比率である。

ここでピケティは、今までの経緯を踏まえて今後の予測を立てている。

図5‐8「世界の資本／所得比率　1870‐2100年」では、世界全体の資本（民間資本）／所得比率の1870年からの推移と、2100年までの予測が示されている。

すでに説明したように、戦争や恐慌による資本価値の下落という例外的事象は考慮する必要はあるものの、世界の資本／所得比率の推移は$\beta = s / g$で、ある程度とらえることができる。

全世界の完全なデータは入手不可能だが、ヨーロッパ主要国と北米についてのは信頼できるデータがあり、さらに日本についても、断片的だがある程度の確度で推計を立てることができたという。

日本の資本／所得比率は、600〜700パーセントに達した1910年〜1930年を頂点として減少しはじめ、1950年代、1960年代には200〜300パーセントにまで落ちた。

しかし1990年、2000年代に再び600〜700パーセントへと劇的に復活しており、結果、ヨーロッパと似た傾向の「U字曲線」が描き出されたという。

なお、日本を除くアジア、アフリカ、南米については、1990年以降の推計で、資本／所得比率は平均400パーセントであったため、これを全般的な水準と見なしたという。

こうして、1870年〜2010年の世界の資本／所得比率は、図5-8に示されているように、**20世紀前半に下落し、20世紀後半に上昇するという、富裕国のみのデータと同様の「U字曲線」**となった。

これは、世界経済における富裕国の比重を考えても、当然といえるだろう。

5-8 『21世紀の資本』P203

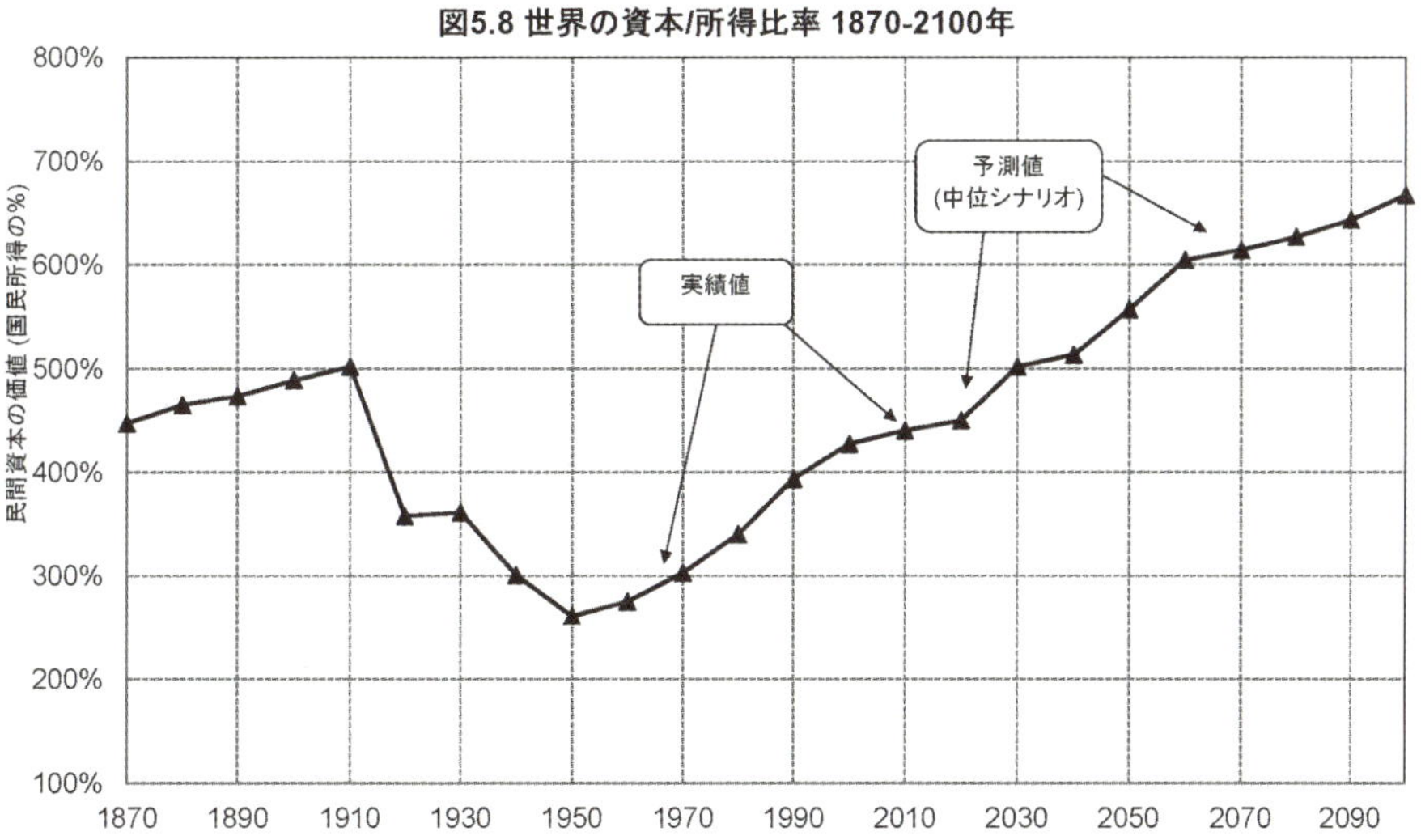

シミュレーション（中位シナリオ）によると、世界の資本/所得比率は21世紀末には700パーセント近くになるかもしれない。
出所と時系列データ：http://piketty.pse.ens.fr/capital21c を参照。

21世紀、資本／所得比率はどう変化していくか？

さらに、β＝s／gに従って将来を予測するとどうなるか。

ここで再び参照するのが、図2-5「世界産出増加率　太古から2100年」である。

これによると、世界の成長率は現在の3・5パーセント弱から徐々に減少し、21世紀後半には1・5パーセント程度になると予測される。また、国民所得に占める貯蓄率は長期的には10パーセントで安定するとピケティは推計する。

これらの値をβ＝s／gに当てはめるとβ＝10／1・5＝6・666…となり、21世紀末の資本／所得比率は700パーセント近くになると予測されるのである。先の図4-4を見てもわかるが、これは20世紀初頭の水準だ。

つまり2100年には、地球全体が20世紀初めのヨーロッパのようになっている可能性がある

――少なくとも資本集約度に関しては。当然ながら、これはひとつの可能性にすぎない。すでに指摘したように、この成長予測は貯蓄率予測と同じく、きわめて不確かだ。それでもなお、これらのシミュレーションは資本蓄積にとって低い経済成長率の役割がいかに重要かを示すものとして、妥当だし有意義だ。

ここでピケティ自身が認めているように、成長率の予測も貯蓄率の予測ももちろん不確かであるため、図5-8に示された資本／所得比率の予測は一つの可能性にすぎない。

しかしながら、**より高い資本の蓄積には、より低い成長率が条件となることを示す意味で、この推計には意味があると、ピケティは主張する**のである。

09

新興国の追い上げによって、
21世紀末には、
世界の民間資本の半分を、
アジアが持つようになると
予測される。

発展目覚ましいアジアで、民間資本が激増する？

図1-3「世界の格差　1700-2012年」で見たように、1人当たりGDP成長率においても、世界の格差はいったん拡大し、新興国の追い上げによって徐々に収斂してきている。

この収斂プロセスが収束するにつれて、所得に占める貯蓄率は世界的に10パーセント前後に落ち着くとピケティは予測している。そうなると世界の資本／所得比率は21世紀末には700パーセント近くに達することになる。

ここまでは、前項の図5-8でも見たとおりである。

そこで図12-5「世界の資本分配　1870-2100年」では、アジア、アフリカ、アメリカ大陸、ヨーロッパのそれぞれの民間資本が、世界の民間資本に占めるシェアの推移と予測が示されている。

つまり700パーセントにも達すると考えられる資本／所得比率において、

どの地域がどれくらいのシェアを占めることになるか、という予測である。
ひと言でいえば、**21世紀末までに、アジアが世界の民間資本の半分くらいを所有するようになる**と示されている。今後アジアの経済成長率が高まるに伴い、アジア圏、特に中国に民間資本が蓄積されると考えられるからだ。
一方、アフリカについては、ピケティはこのような見解を示している。

21世紀を通してアフリカの資本／所得比率は他の大陸より低いと予測されている（基本的には、アフリカの経済的キャッチアップがはるかに遅く、人口転換も遅れているためだ）。資本が自由に国境を越えて流入できる場合、他国、特に中国などアジア諸国からアフリカへの投資フローが見られるものと予測される。

図1-3では、アフリカ・アジアの1人当たりGDPが、追い上げていることが示されていた。ただ、より厳密に言えば、この**収斂プロセスは、主にアジアによって行われると予測される**、ということだろう。

12-5 『21世紀の資本』P479

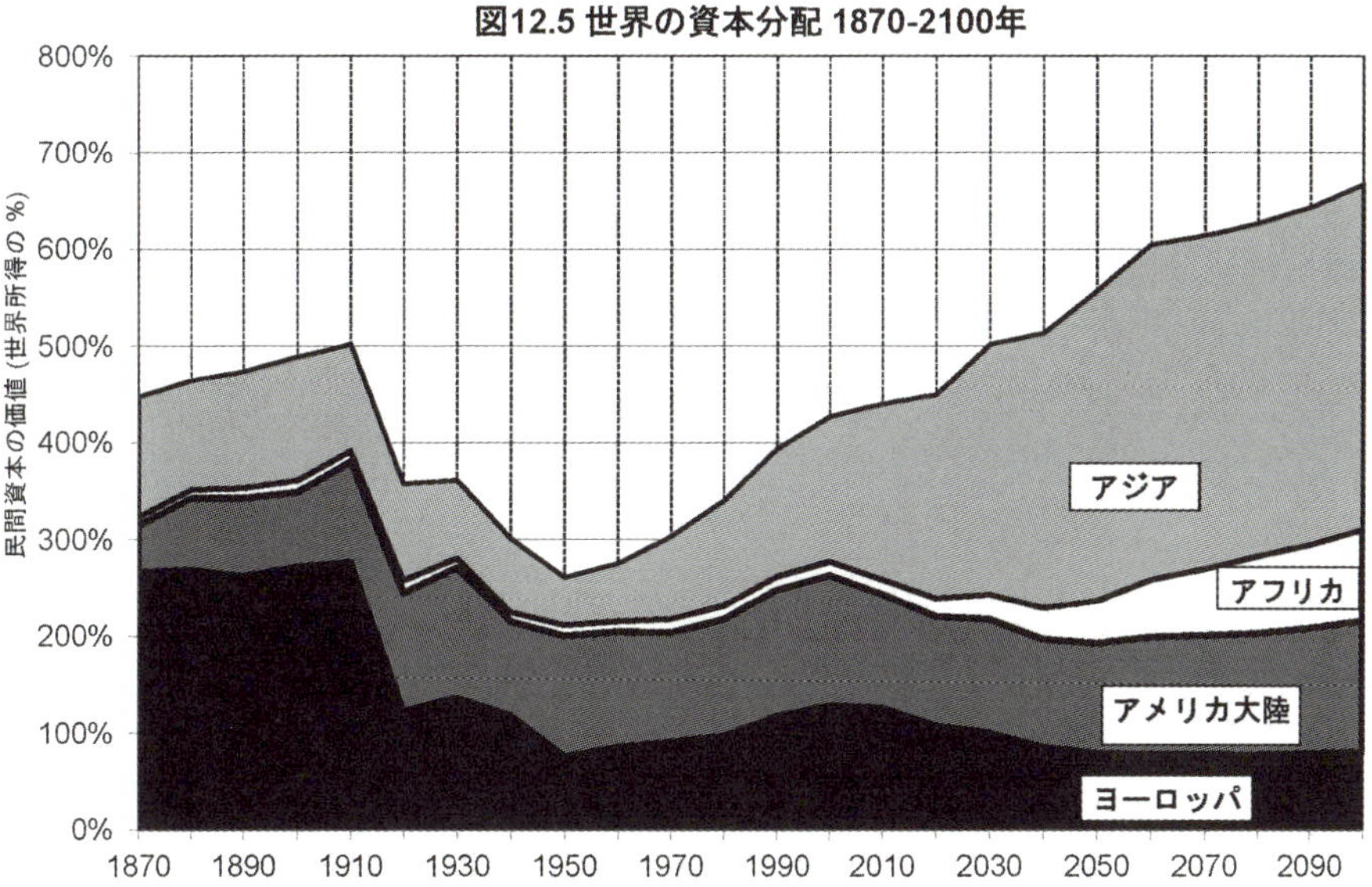

中位シナリオ21世紀末までにアジア諸国が世界資本の半分くらいを所有するようになる。
出所と時系列データ：http://piketty.pse.ens.fr/capital21c を参照。

10

1975年以降、富裕国では、国民所得に占める資本所得の比率が上昇している。

資本所得＝労働ではなく、所有する資本から得る所得

すでに説明したように、資本とは不動産や株など、個人や企業が保有している実物資産と金融資産のことである。

もちろん、これらの資本は、ただ持ち主に所有されているだけではなく、それ自体が利益をもたらしてくれる。

たとえば、持っている不動産を他人に貸せば家賃収入が得られるし、株を持っていれば配当金が手に入る。銀行に預けているお金からも、ほんのわずかな利率だが、利子を得ている。

こうした**資本から得る所得を、資本所得（または資本収益）という。**

前の4項目では、国民所得に占める資本、とりわけ民間資本の比率に注目してきた。ここで触れるのは、**その資本が、いったいどれだけの所得獲得につながっているか**、という点である。

所得に占める資本所得の比率を、ピケティは$α$と設定し、

$$α = \frac{資本所得}{資本}（＝資本収益率 r）× \frac{資本}{所得比率}（＝β）$$

で求めることができる、としている（$α＝r×β$）。

たとえば資本収益率が年5パーセントで、資本／所得比率が600パーセントだとしたら、5×600＝3000となり、国民所得に占める資本所得の比率$α$は30パーセントとなる。

つまり、国民所得の30パーセントが、労働による所得ではなく、所有する資本から得た所得ということである。

この法則に従うと、資本／所得比率$β$が増えるほど$α$は増えるわけだが、よくよく考えるまでもない。

所得に占める資本の比率（資本／所得比率）が増えれば、所得における資本

6-5 『21世紀の資本』P231

図6.5 金持ち国の資本シェア1975-2010

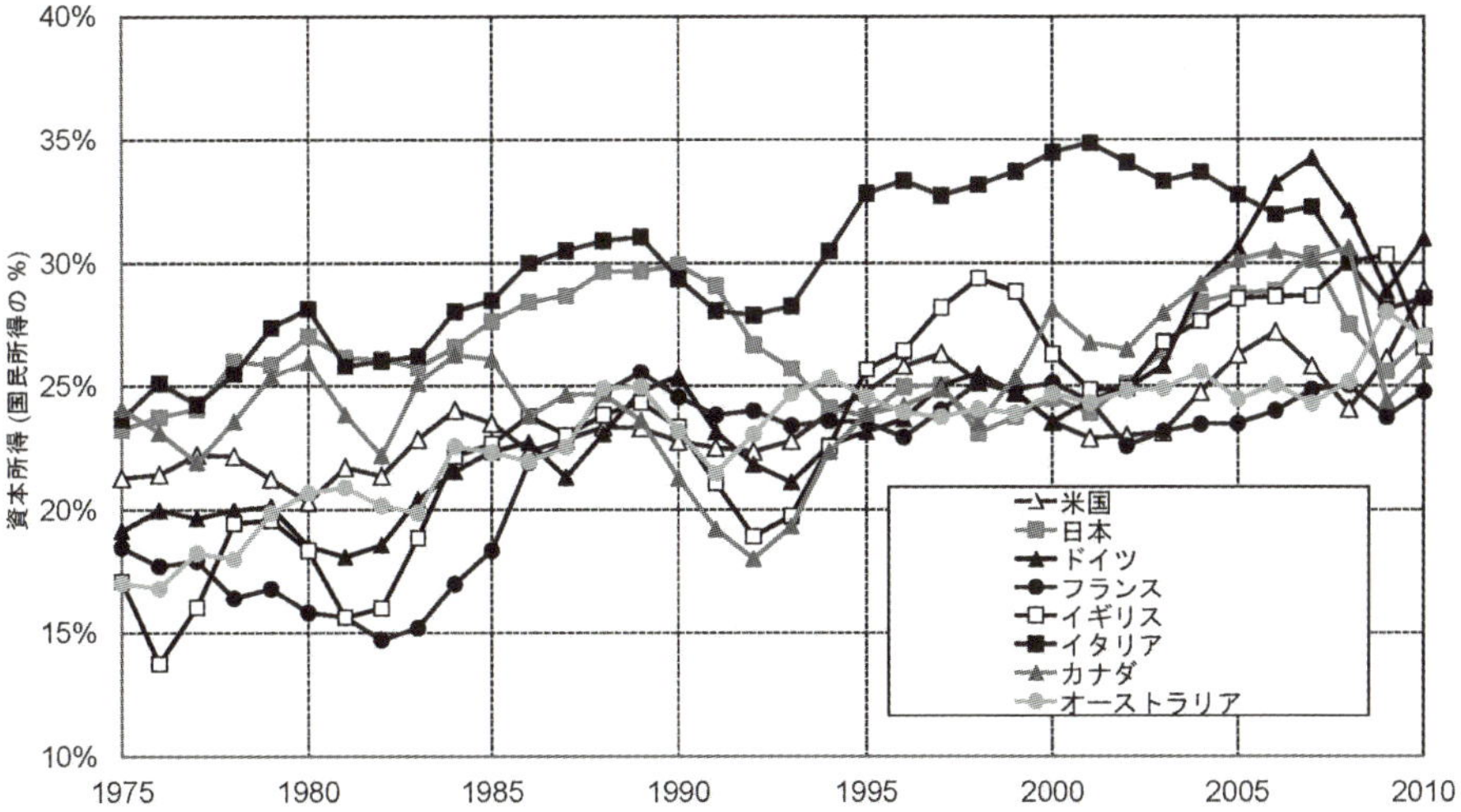

1970年の金持ち国では、資本所得が国民所得の15-25パーセントを吸収するが、2000-2010年にはそれが25-30パーセントになった。出所と時系列データ：http://piketty.pse.ens.fr/capital21c を参照。

所得の比率も増えることは、誰もが感覚的に理解できるはずだ。

富裕国では資本所得が上昇している

さて、ここからが本題である。

図6-5「金持ち国の資本シェア　1975-2010」では、富裕国であるアメリカ、ドイツ、イギリス、カナダ、日本、フランス、イタリア、オーストラリアの各国の資本所得の推移が示されている。推移は、国民所得に占める比率で示されている。

これによると、富裕国では、1975年から2010年にかけて、国民所得に占める資本所得の比率が増加している。

ここで再び参照したいのが、図5-8だ。そこでは、20世紀後半は、世界の資本／所得比率は上昇していると示されていた。

つまり、この二つの図を合わせて見ると、たしかに、資本／所得比率βの上昇は、所得における資本所得の比率αの増加が伴っているといえる。βが増えればαも増えるというのは、データにも表れている。ピケティは、そう言いたかったのだろう。

ただ、先に触れておいてなんだが、$\alpha = r \times \beta$の式は、ほぼ忘れてもらってかまわない。式を理解する必要もないと言っていい。

あくまでも、『21世紀の資本』を大局的に理解する限りにおいては、この式は、じつはあまり関係ないのである。

ただし、この式で初めて登場するrだけは、頭に残しておいてほしい。

繰り返すと、**rとは資本収益率、つまり、資本に占める資本所得の比率のことだ。これが、『21世紀の資本』を理解する重大な鍵の一つ**となる。

11

20世紀後半から21世紀初頭にかけては、特にアングロ・サクソン諸国で、所得格差が大きく拡大している。

アングロ・サクソン諸国で拡大している「所得格差」

資本所得の推移を見たところで、いよいよここから、欧米や日本における所得格差について見ていこう。

ここで挙げる3つのデータは、おそらくピケティがもっとも重要視しているデータの一つであり、今後、私たちが選ぶべき道をピケティが提案する際の、論拠の一つにもなっている。

図9-2「アングロ・サクソン諸国における所得格差　1910-2010年」では、アメリカ、カナダ、イギリス、オーストラリアの各国の国民総所得に占める、トップ1パーセントの国民の所得の比率が示されている。

図9-3「大陸ヨーロッパと日本での所得格差　1910-2010年」では、フランス、スウェーデン、ドイツ、日本の各国の国民総所得に占める、トップ1パーセントの国民の所得の比率が示されている。

図9‐4「北欧と南欧での所得格差　1910‐2010年」では、フランス、イタリア、デンマーク、スペインの各国の国民総所得に占める、トップ1パーセントの国民の所得の比率が示されている。

これらの図は、トップ1パーセントの高所得者の所得が、国民の総所得において、どれくらいの比率を占めてきたかを見ることで、所得格差の推移を把握するものだ。

当然、トップ1パーセントの所得比率が高くなるほど、所得格差は拡大しているということになる。

まず、図9‐2上の1980年と2010年代初頭を比べると、国民総所得に占めるトップ1パーセントの所得比率は、かなりの勢いで上昇している。

カナダでは8パーセント前後から12パーセント強、イギリスでは6パーセント前後から15パーセント前後、オーストラリアでは4パーセント強から10パーセント弱。そしてアメリカでは、8パーセント前後から18パーセント弱へと上昇している。

9-2 『21世紀の資本』P328

図9.2 アングロ・サクソン諸国における所得格差 1910-2010年

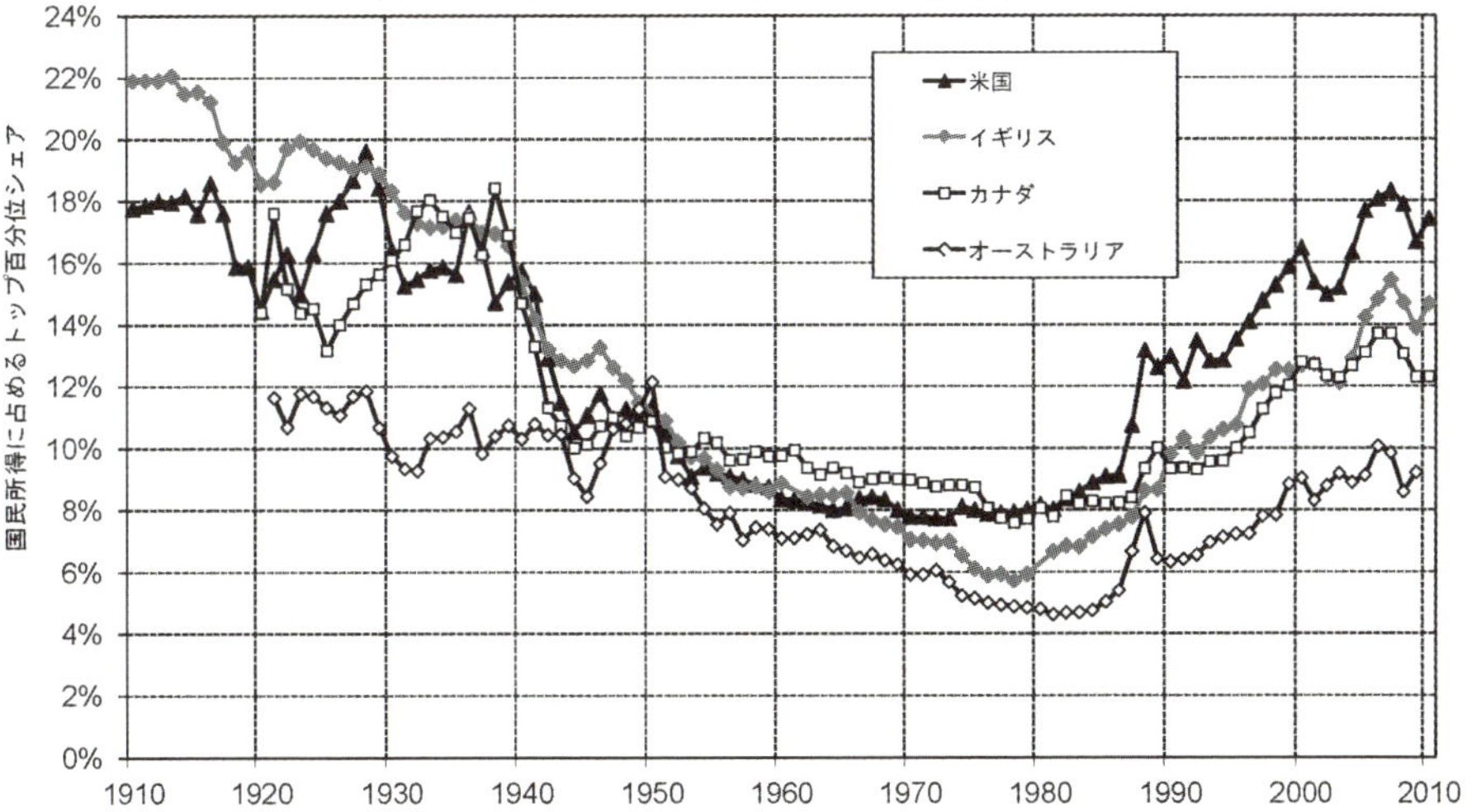

すべてのアングロ・サクソン諸国で、国民所得におけるトップ百分位のシェアは1970 年代以降上昇しているが、程度のちがいはある。出所と時系列データ：http://piketty.pse.ens.fr/capital21c を参照。

英米だけを見れば、トップ1パーセントの所得比率は、第一次世界大戦前の水準である20パーセント近くにも届こうかという勢いだ。

非アングロ・サクソン諸国では、比較的、格差拡大が見られない

次に図9-3を見てみよう。

非アングロ・サクソンの先進国であるフランス、スウェーデン、ドイツ、日本のトップ1パーセントの所得比率は、1980年から2010年代初頭の間に1～3パーセント上昇している。さらに図9-4に示されているように、デンマーク、イタリア、スペインでも似たような推移が示されている。

これらのデータから、いったい何が見えてくるだろう。

非アングロ・サクソン諸国の上昇幅は、1～3パーセントだが、先に見たように、アングロ・サクソン諸国の上昇幅は、4～10パーセントだ。

9-3 『21世紀の資本』P330

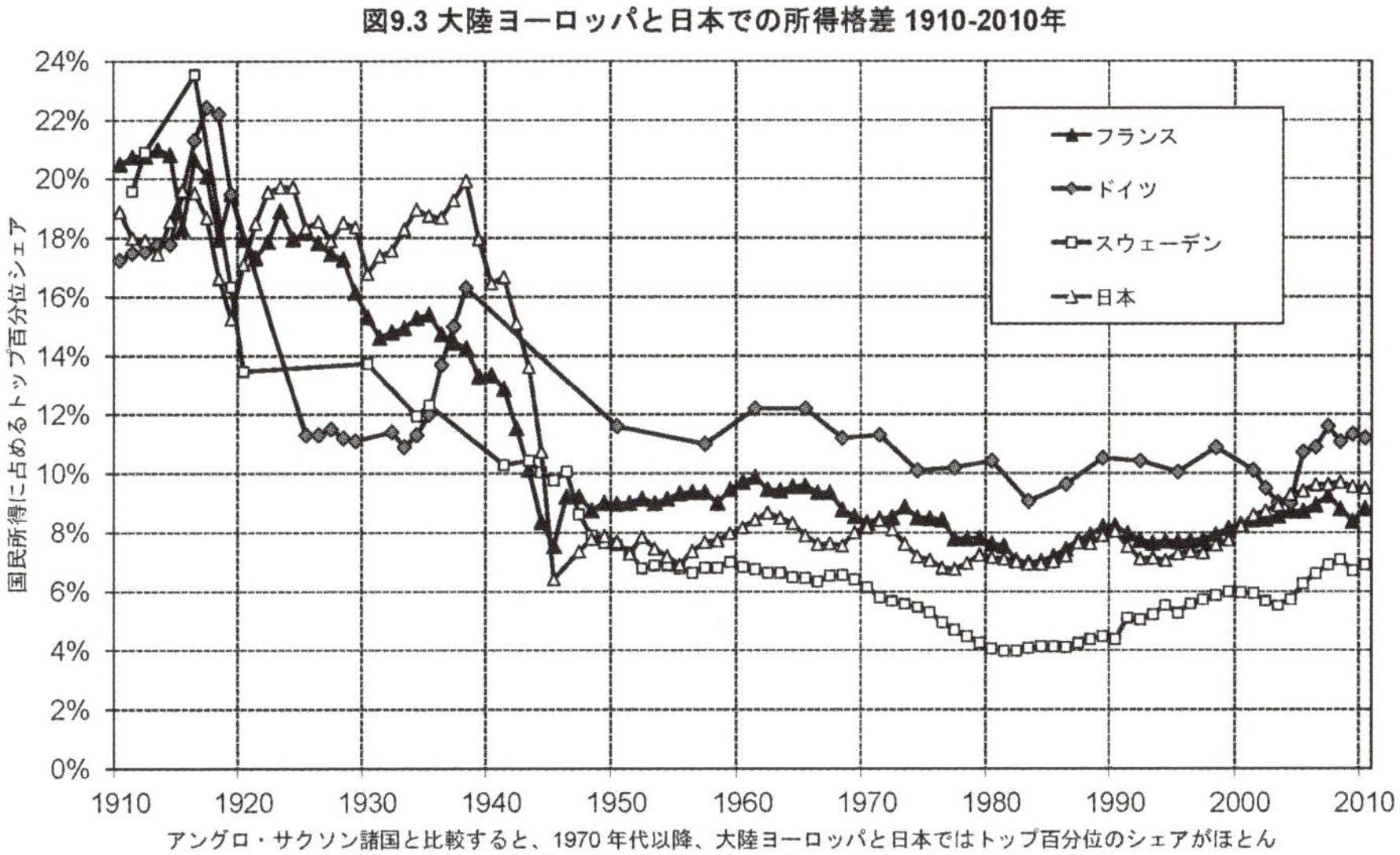

アングロ・サクソン諸国と比較すると、1970 年代以降、大陸ヨーロッパと日本ではトップ百分位のシェアがほとんど増加していない。出所と時系列データ：http://piketty.pse.ens.fr/capital21c を参照。

つまり、非アングロ・サクソン諸国の所得格差の広がり方は、アングロ・サクソン諸国に比べればわずか、あるいは、ほとんど広がっていないといってもいい程度なのである。

この格差の拡大は、日本では高齢化によって説明できる程度だ。

若いときには所得格差はないが、年を経ると格差が出てくる。

平たく言えば、初任給は皆同じだが、個々の出世具合によってだんだん給料に差が出てくるだろう。これが高齢化社会では国全体で起こると考えればいい。

高齢者の割合が高まるほど、社会全体では格差が広まるのだ。

このように、図9-2〜9-4を見比べると、**トップ1パーセントの所得比率の大幅な上昇、つまり所得格差の大幅な拡大は、アングロ・サクソン諸国に特有なものである**ことがわかる。

資産家が、所有する資本から効率的に所得を得ているということもあるが、もう一つ、近年の格差拡大の要因として注目すべきものがある。それは、20世紀後半のアングロ・サクソン諸国に特徴的な現象である、桁違いの超高給を

9-4 『21世紀の資本』P331

図9.4 北欧と南欧での所得格差 1910-2010年

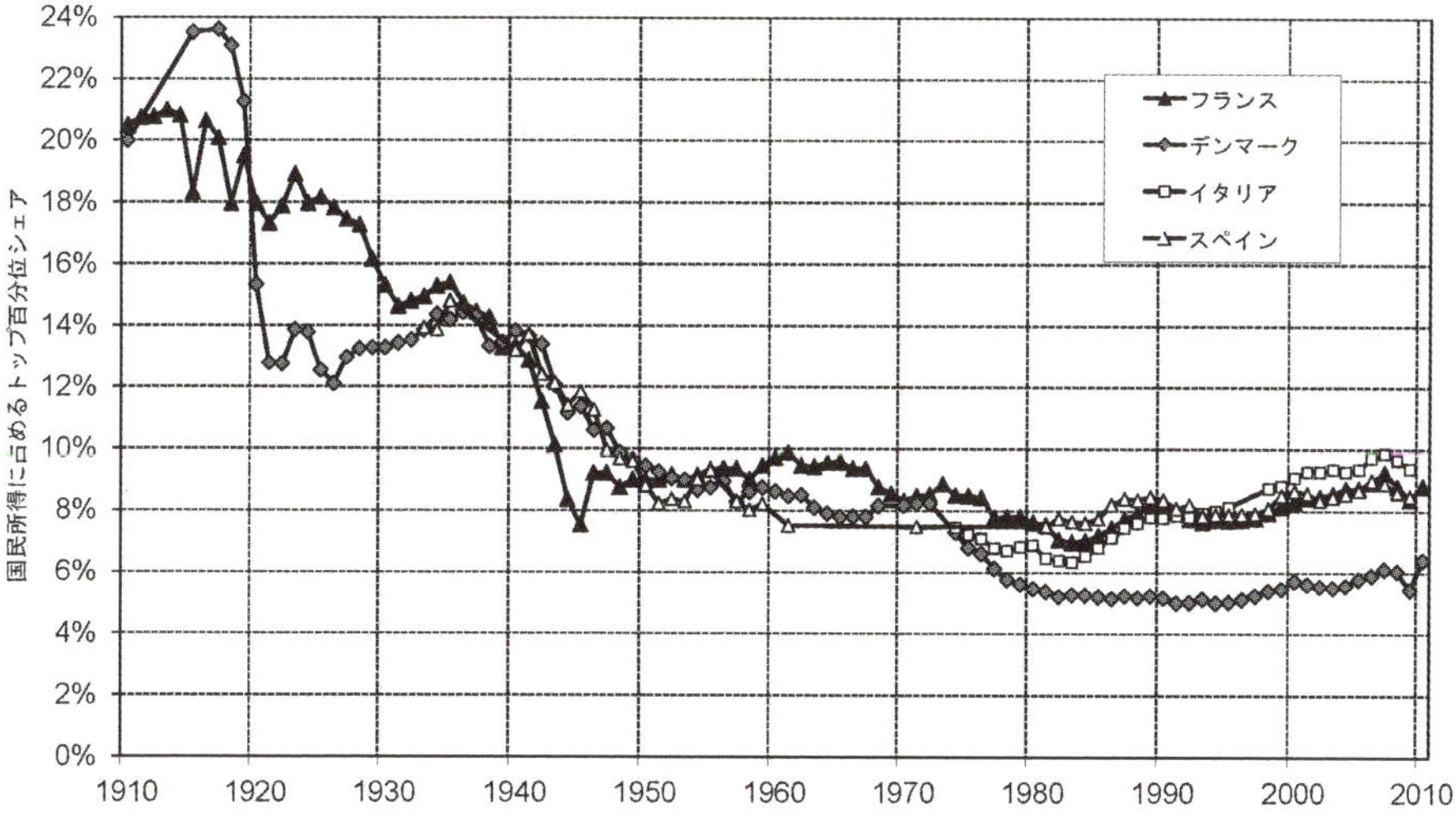

アングロ・サクソン諸国と比較すると、1970年代以降、北欧と南欧ではトップ百分位のシェアがほとんど増加していない。出所と時系列データ：http://piketty.pse.ens.fr/capital21c を参照。

得る「スーパー経営者」の台頭だ。ピケティは、このように述べている。

一般的に、スーパー経営者の台頭はアングロ・サクソン的現象だ。1980年以降、トップ百分位が国民所得に占めるシェアは、米国、イギリス、カナダ、オーストラリアで激増した。［中略］英語圏における、ここ数十年の所得格差増大の最大の原因は、金融、非金融セクターの両方におけるスーパー経営者の台頭なのだ。

つまり、**1980年代以降、それまでの水準からすれば「法外」な所得を得る企業トップなどが現れたため、上位1パーセントの国民の所得が押し上げられた。その結果として、残り99パーセントの国民との所得格差が広がったということだ。**ただし、スーパー経営者の台頭は、技術の変化や発展などに起因する必然的現象ではない、とピケティは言う。

英語圏という親戚同士の類似はあっても、この現象［格差拡大］の規模が国によって大きくち

がうのを見落としてはならない。［中略］
もしもスーパー経営者の台頭が純粋に技術に起因する現象なら、他の点ではとてもよく似た国の間になぜこれほどのちがいが存在するのかは理解しがたい。

たしかに、アングロ・サクソン諸国のなかでも、２０１０年代初頭のトップ１パーセントの所得比率には大きな差が見られ、特にアメリカの18パーセント弱が突出している。

このグローバルな時代に、アメリカだけ、特別な技術革新があったとは考えにくい。制度的な違いなのか、はたまた国民性の違いなのか、何かしら、はっきり説明しがたい要因が絡んでいると考えられる。

ただし、このようにアングロ・サクソン諸国の間でも大きな差があるとはいえ、もっとも注目すべきは、やはり**非アングロ・サクソン諸国とアングロ・サクソン諸国の差**だ。このデータに込められたピケティの主張は、のちに触れる税率において、さらに鮮明となる。

12

アジアや南米、アフリカ大陸などの新興国では、アングロ・サクソン諸国と同等の所得格差の拡大が見られる。

新興国の格差問題は深刻

所得格差の実情は、新興国ではどうなっているのだろう。

図9-9「新興経済国の所得格差 1910-2010年」では、インド、インドネシア、中国、南アフリカ、アルゼンチン、コロンビアの各国の国民総所得に占める、トップ1パーセントの人々の所得の比率が示されている。

先進国と比べるとデータ不足は否めないが、イギリスやオランダによる植民地支配時代のデータからの推計などによって、ある程度の確度をもって推移が描き出されている。

なお、歴史的な事情から、中国は1980年代半ば以降、コロンビアは1990年代半ば以降のデータのみになっている。

図9-9を見ると、**新興国のトップ1パーセントの所得比率もまた、2010年代初頭までに大きく上昇している**ことがわかる。

新興経済国のトップ1パーセントの所得比率は、1910年から1950年の間、最高でアルゼンチンの26パーセント、最低でもインドの10パーセントと、所得格差が非常に大きかった。

その後急激に下がり、1980年には4〜10パーセントにまで下落したが、先進国と同じく1980年代以降に上昇しはじめた。そして2010年代初頭には11〜20パーセントくらいにまで上昇しているのである。

このように、**新興経済国の所得格差は、アングロ・サクソン諸国と同等のレベルで総じて拡大している。**

新興国では、経済成長を急ぐ一方で、まだ財政や金融、税に関する制度が確立されていないことが大きい。**体制が成長率に追いついていないために、より不平等がはびこりやすい**といえるだろう。

9-9 『21世紀の資本』P339

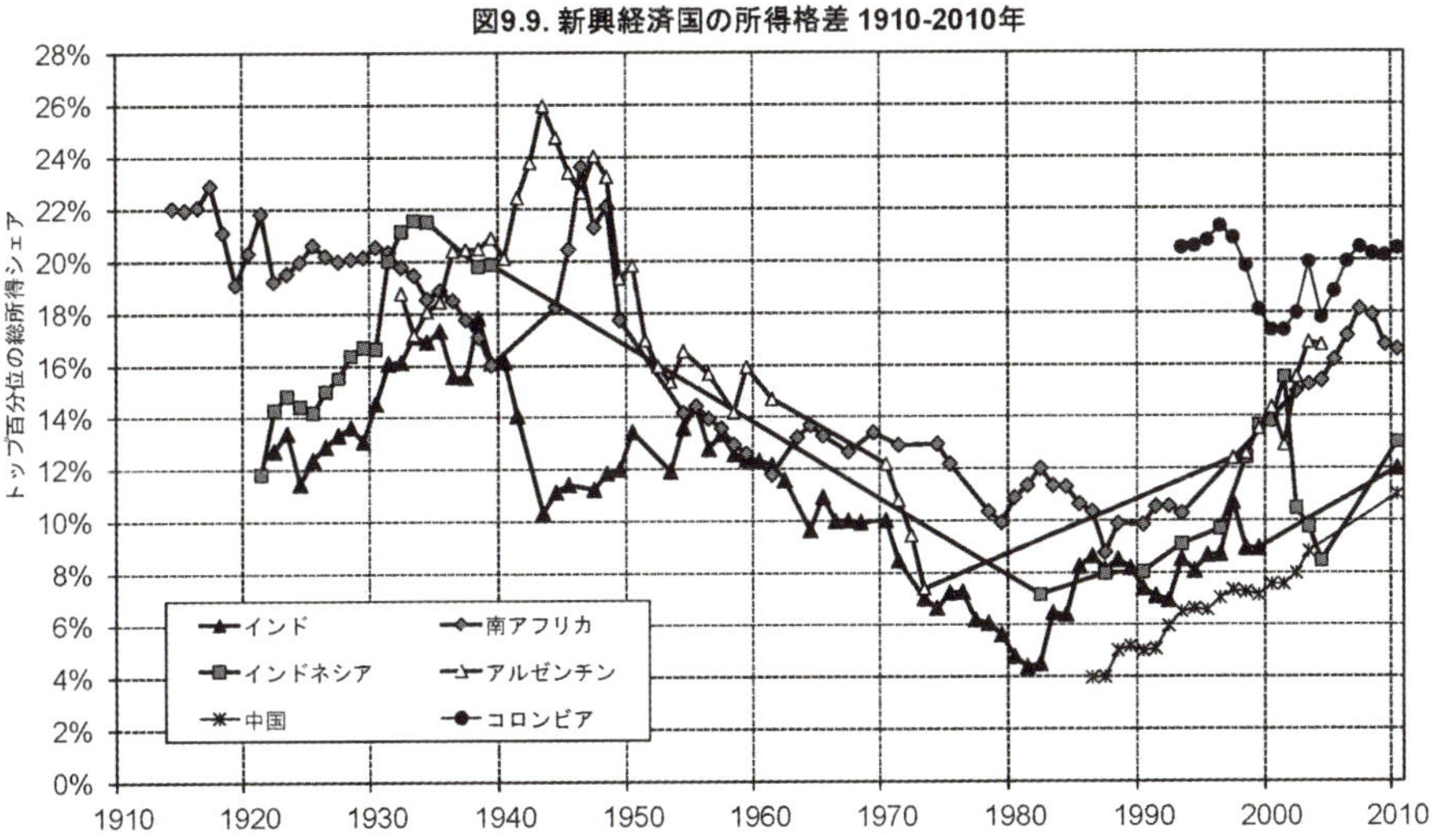

所得のトップ百分位シェアで評価した新興経済国の所得不平等は、1980 年代以降増大しているが、2000-2010 年には米国よりも低い水準にある。出所と時系列データ：http://piketty.pse.ens.fr/capital21c を参照。

13

欧米では、資本格差も少しずつ拡大している。

「富」の格差は、どうなっているか

国によって程度の差はあれど、世界中で所得格差が広がっている。とりわけアングロ・サクソン諸国と新興国では、かなり広がっている。

ピケティは世界にはびこりつつある所得格差について、このような全体像を示している。

そこで次に見るのは、**「富」の格差**である。

図10-6「ヨーロッパと米国における富の格差の比較　1810-2010年」では、ヨーロッパとアメリカのそれぞれの国富に占める、トップ1パーセントとトップ10パーセントの国民の富の比率が示されている。

ここで言う「富」とは「資本」のことであり、図9-2〜9-4、9-9で見ていた「所得」とは区別されている。

図10-6によると、ヨーロッパでは、トップ1パーセントとトップ10パーセントの富の比率は、両方とも、1910年から1970年にかけてガクンと下がっている。

これは、図4-4で見た、二度の世界大戦に伴うさまざまな影響（物理的損失、家賃統制、税制改革など）によるものと考えられる。

一方、アメリカでも、1910年から1970年に下落しているが、3分の2~3分の1ほどにも下落したヨーロッパより、下落幅ははるかに小さい。

第一次世界大戦前の格差がヨーロッパほど大きくなかったこと、戦争による物理的損失がヨーロッパより少なかったことの2点が、主要因と考えられる。

そして1970年以降、ヨーロッパ、アメリカともに、トップ10パーセントとトップ1パーセントの富の比率は、じわじわと上昇している。

欧米では、所得のみならず、資本においても、やはり格差は広がりつつあるということだ。

10-6 『21世紀の資本』P364

図10.6. ヨーロッパと米国における富の格差の比較 1810-2010年

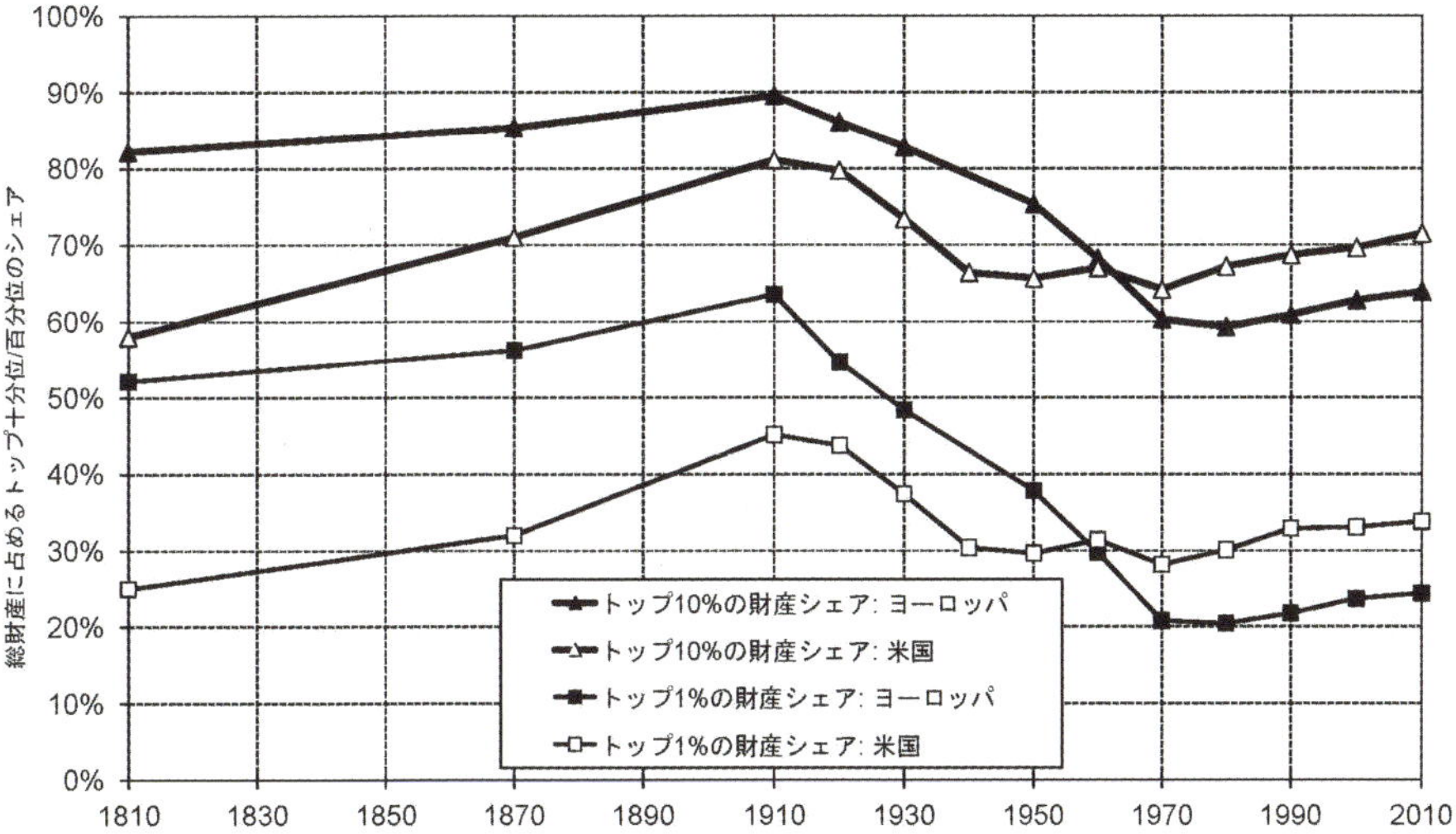

20世紀半ばまで、米国よりもヨーロッパのほうが富の格差は大きかった。
出所と時系列データ：http://piketty.pse.ens.fr/capital21c を参照。

Thomas Piketty

14

資本収益率は、
GDP成長率より大きい。
この状況は今後ずっと続き、
格差は、
ますます広がると考えられる。

「今後つねに、資本収益率は成長率に勝る」というピケティの結論

これまで『21世紀の資本』から17枚の図をピックアップして、ピケティが示す世界の経済動向を見てきた。

ここからの4枚は、いよいよピケティの結論にかかわるものである。資本／所得比率を論じ、所得格差を論じ、富の格差を論じた末に、ピケティが示そうとしているのは、いったいどんな世界経済の全体図なのだろうか。

図10-9「世界的な資本収益率と経済成長率の比較　古代から2100年」では、世界規模で見た資本収益率r（税引き前）と成長率gの、古代ゼロ年からの推計と2100年までの予測が示されている。

ちなみに、図に付記されている**「純粋な資本収益率」**とは、資本所得を得るために実際に労働した分（賃貸住宅を持っていても、さすがに、何もせずには家賃収入を得ることはできない）は差し引き、**純粋に資本から得た収益の比率**

という意味合いである。

図10‐10「世界的な税引き後資本収益率と経済成長率　古代から2100年」では、世界規模で見た資本収益率r（税引き後）と成長率gの、古代ゼロ年からの推計と2100年までの予測が示されている。すなわち、図10‐9に示したグラフの「税引き後バージョン」となっている。

先の図6‐5でも登場したように、資本収益率rとは、資本から得た所得の、資本に占める比率だ。

ピケティは、歴史的事実として、資本収益率rはつねに成長率gより大きい（r＞g）という不等式が成り立つと主張する。

体系的に資本収益率が成長率よりも高くなる大きな理由はあるのか？　はっきり言っておくが、私はこれを論理的必然ではなく、歴史的事実と考えている。

現に、図10‐9に示されているように、古代から17世紀までの成長率はきわ

10-9 『21世紀の資本』P369

図 10.9. 世界的な資本収益率と経済成長率の比較　古代から2100年

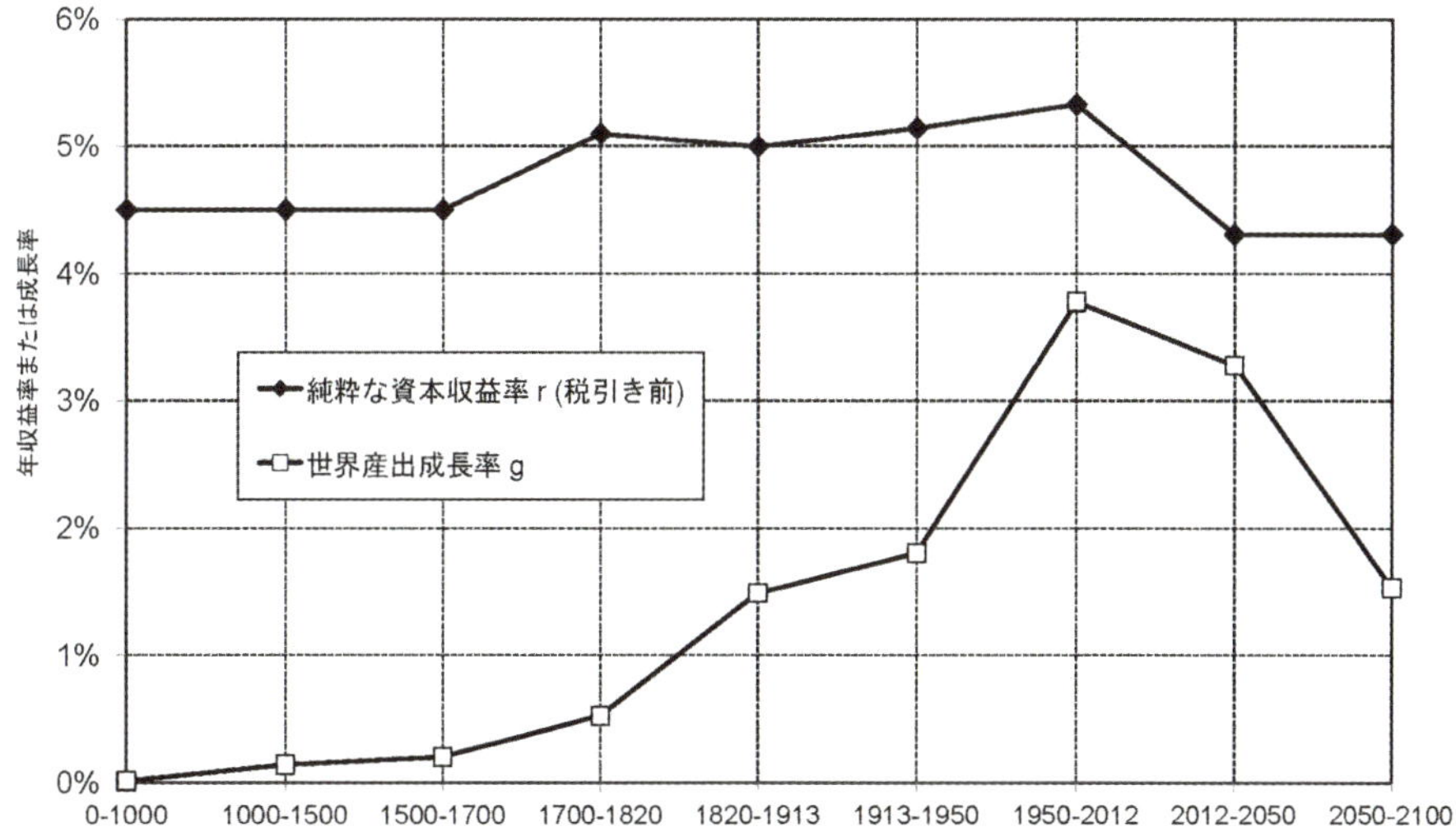

税引き前の資本収益率は世界経済成長率よりも常に高いが、その差は20世紀に減少し、21世紀には再び拡大している。出所と時系列データ：http://piketty.pse.ens.fr/capital21cを参照。

めて低く、0・1～0・2パーセントくらいである。

一方、多くの伝統農耕社会において、資本所得は土地からのものだったはずであり、その収益率は4～5パーセント、もっと厳しい推定を採用したとしても2～3パーセントと推計できる。

成長率gは0・1～0・2パーセント。

これに対して資本収益率rは、最低でも2～3パーセント。

つまり、古代から17世紀の社会では、rはgの10～30倍であり、r＞gが圧倒的な規模で示されているのだ。

今後、「r＞g」はどう推移するのか？

ピケティが「歴史的事実」（注釈で理論も書いている）と断言したr＞gの不等式は、何も古代から17世紀に特異な現象というわけではない。

図10-9に示されているように、古代から21世紀末までの成長率gと資本収

10-10 『21世紀の資本』P371

図 10.10. 世界的な税引き後資本収益率と経済成長率　古代から2100年

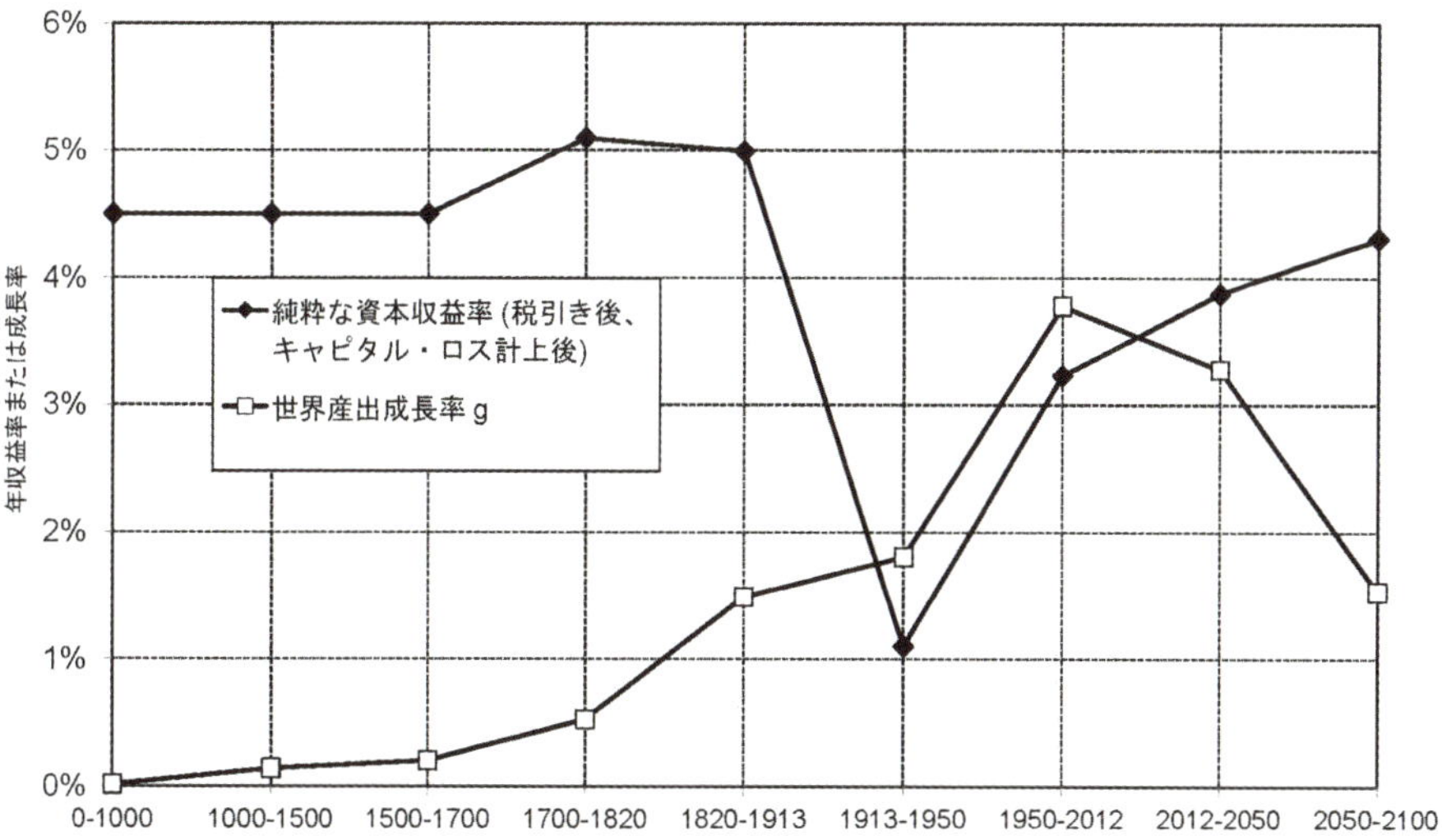

20世紀中、資本収益率（税引き後、キャピタル・ロス計上後）は成長率を下回ったが、21世紀には再び上回った。出所と時系列データ：http://piketty.pse.ens.fr/capital21cを参照。

益率rを一つのグラフにまとめると、資本収益率は、つねに世界GDP成長率より高くなる。

その差は、成長率が4パーセント弱になった1950年～2012年に一度縮んだが、21世紀後半には、また広がると予測される。

図2-2、2-4、2-5を覚えているだろうか。人口増加率は今後みるみる低下すると予測され、それにしたがって成長率が鈍化し、2100年には、世界GDP成長率は1・5パーセント以下にまで下がると予測されていた。

言い換えれば、**21世紀後半の成長率は、19世紀とほぼ同程度になる**ということだ。したがって、**rとgの格差は、産業革命期と同じ水準に近づくと予測される**のである。

「税」という欠かせない要素

ただし、図10-9に示されている資本収益率は、「税引き前」のものであるということを見過ごしてはならない。

資本収益に対する課税や、戦争や恐慌の影響による資本破壊（キャピタル・ロス）を加味した図10‐10では、また違った曲線が描き出されている。

第一次世界大戦前は資本に対する課税が低かったため、課税後の資本収益率は、図10‐9とあまり変わらないと考えられる。

しかし、二度の世界大戦と大恐慌をまたぐ1913年～1950年に、資本収益率rは1パーセント強、成長率gは2パーセント弱という逆転現象が起こっている。

これは、図4‐4で見たように、二度の世界大戦と大恐慌を機に、物的損失および新しい税制などの諸政策の導入によって資産家の財力が削がれ、一方で、戦後は例外的に高い成長率が続いたという二重の作用による。

1980年代以降、資産家の財力は復活しはじめたが、3・5～4パーセントという高い成長率に支えられ、成長率が資本収益率に勝る（r＜g）状態は2012年まで続いた。

ノーベル経済学賞の理論が覆された

しかし、**特に21世紀は、経済のグローバル化にともなって国家間の税制競争がますます激化し、資本への課税は次第になくなる**と考えられる。

税金が高い国からは資本が流出し、税金の安い国に資本が集まるからだ。「タックスヘイブン」と呼ばれ、世界中の資産家が資金を移しているスイスを思い浮かべれば、わかるだろう。

こうした状況が生じると考えられることから、ピケティは、資本にかけられる平均税率を次のように仮定して、図10－10を推計している。

・1913年～2012年は30パーセント
・2012年～2050年は10パーセント
・2050年～2100年は0パーセント

そのため、**1913年〜2012年には資本収益率rより成長率gが勝っていたのが、税率の急速な低下によって、2012年〜2050年には再び逆転し、その差はますます広がる**と予測されている。

これらの予測により、ピケティは、ノーベル経済学賞受賞者であるクズネッツの理論を覆している。

クズネッツは、資本主義の初期段階では格差が拡大するが、一定レベルを超えれば、経済成長に伴って格差が縮小すると主張していた。

しかし、ピケティの推計に従えば、成長率gが資本収益率rより高かったのは、戦争と恐慌という有事が関わった時期の一時的現象、ということになる。平時においては、つねにr＞gとなり、格差は広がるのだ。

r＞g——これこそが、あの膨大な紙面を割いた末に、ピケティが導きだした結論なのである。

15

所得税の累進課税率は、戦争や恐慌などの有事の際に引き上げられてきた。特に変動が激しいのはアメリカとイギリスで、一時的には税率を釣り上げる一方、すぐに、大きく引き下げている。

税率の上昇は、有事の「急場しのぎ」のためだった

資本収益率rは、成長率gに勝る。といっても、**ピケティは、資本主義が格差を生み出し、拡大させる諸悪の根源だと断罪しているわけではない。**

残念ながら、資本主義は、格差を広げる性質をはらんでいる。

そのことを理解したうえで、意図的に、格差を是正していけるような制度をつくればいいのだと、ピケティは主張しているのである。

そんなピケティの主張（あるいは「思い」や「理想」）が現れているのが、先進各国の税率の変遷について触れている部分だ。**ピケティにとって「格差を是正する制度」とは、国際協調のもとで累進課税を強めることにほかならない**からである。

図14-1「最高所得税率　1900-2013年」では、アメリカ、イギリス、ドイツ、フランスの各国の、所得に対する最高税率の推移が示されている。

それは、国民に課せられる税率のうちもっとも高い税率のことだ。
つまり、累進課税が導入されたことで、各国における最高レベルの所得にどれくらいの税率が課せられてきたのか、という推移グラフになっている。
まず、ピケティが述べていることを見ておこう。

税率は極端な天文学的な所得に対してすら、第一次世界大戦前はきわめて低かった。これは例外なしにあらゆる場所で言えることだ。戦争による政治的ショックの大きさは図14-1を見るときわめて明確だ。このグラフは、米国、イギリス、ドイツ、フランスにおける最高税率（つまり最高所得ブラケットの税率）の推移を、1900年から2013年まで示している。最高税率は1914年まではかなり低い率で停滞し、それから戦後に激増した。これらの曲線は、他の富裕国で見られたものをよく表している。

たしかに、図14-1を見ると、1900年～1910年代半ばくらいまでは、大半の国で税率は0パーセントすれすれであり、高くても10パーセントに達し

14-1 『21世紀の資本』P521

図14.1 最高所得税率 1900-2013年

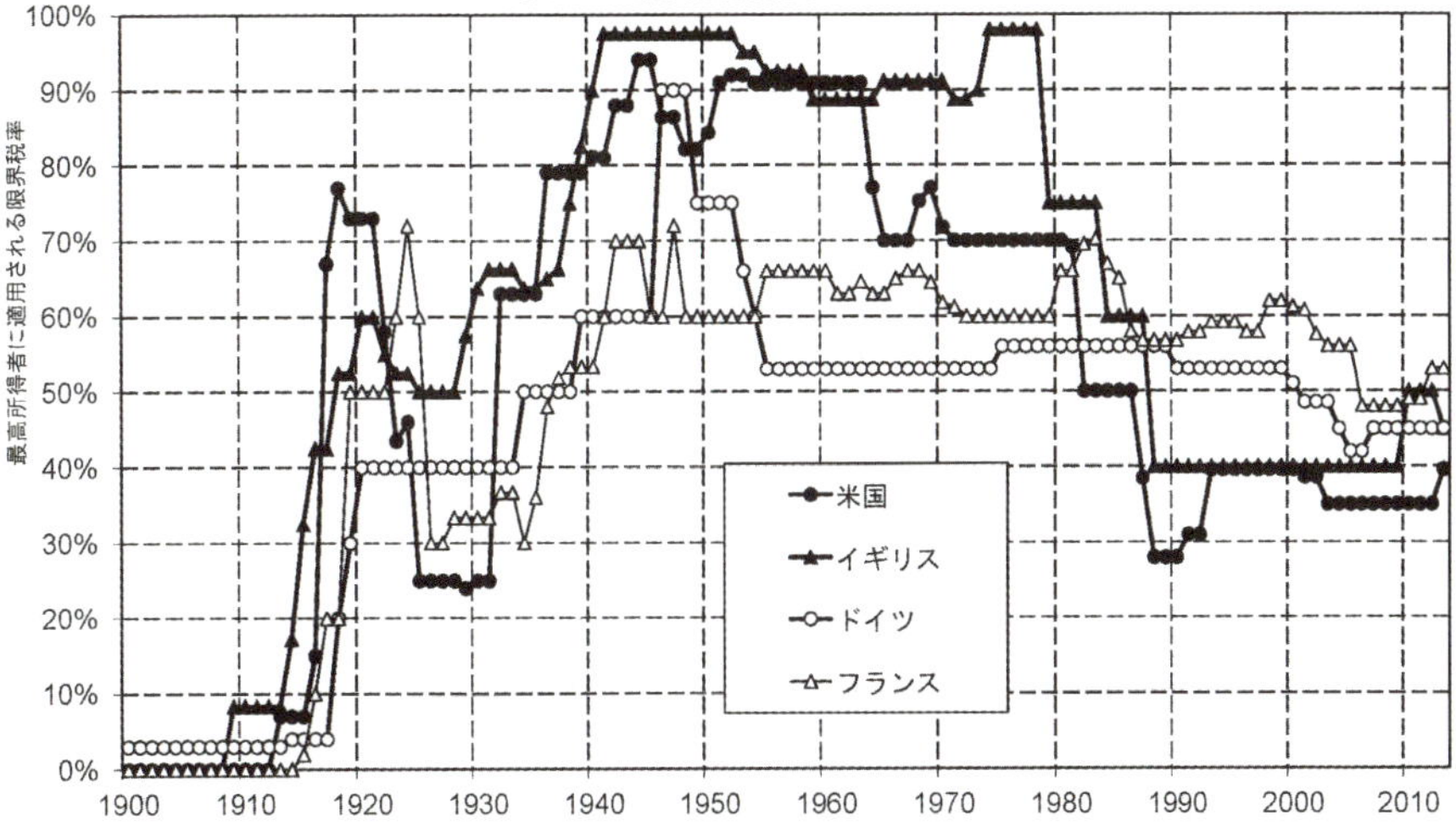

所得税の最高限界税率（最高の所得に適用されるもの）は、米国では1980 年に70%だったのが、1988 年には28 %まで下がった。出所と時系列データ：http://piketty.pse.ens.fr/capital21c を参照。

ない程度の税率だった。

しかし第一次世界大戦がもたらした甚大な損害から立ち直るために、新しい歳入源が必要となり、各国で次々と累進所得税が導入された（ただし、ドイツでは戦争の20年も前から最高3～4パーセントの累進所得税が存在していた）。

そのため、最高税率は、第一次世界大戦後の1920年前後には、40～80パーセント近くにまで急上昇している。

1930年前後には25～60パーセントにまで下がるも、第二次世界大戦後に再び急上昇し、今度は60～100パーセント弱にまで上がった。

このように、一時はものすごい上昇率を見せたが、1980年代～2013年には、30パーセント弱～50パーセント強になっている。

図14-1に描き出された曲線を見ると、**欧米における累進所得税の強化は、二つの世界大戦で被った損害をカバーするための一時的な措置、いわば「急場しのぎ」のためのものだったことがわかる。**

税率の釣り上げと引き下げが特に激しい英米

図14-1を見ると、特に顕著なのはアメリカとイギリスである。

たとえば、アメリカでは1940年代後半から1960年代半ばまでは80～95パーセントくらいだった最高税率が、1960年代後半には70パーセントに、さらに1990年前後には30パーセント前後にまで下がった。

ドイツとフランスでも変動は見られるが、英米ほどではない。

英米と独仏の比較に留まるとはいえ、ここでも、アングロ・サクソン国と非アングロ・サクソンの違いが見て取れる。

つまりアングロ・サクソン国は、急激に税率を上げるものの、一定期間が過ぎたらすぐに税率を引き下げ、資本家の有利になるようにしているように見えるのだ。

現に、1990年前後以降、英米の最高税率は独仏の最高税率を10パーセントほど下回ったまま推移している。

アメリカの動きに似ている日本の所得税

なお、ピケティの本にはないが、日本の所得税の最高税率はどうだったのか、簡単に記しておきたい。

日本で所得税が導入されたのは、1887年だ。当時の所得税は、資産や営業などの所得金高が年間300円以上ある者が対象で、導入時には所得の種類によって2～3パーセントの税率だった。

その後、課税対象の拡大と税率の引き上げが行われ、1920年には所得税の最高税率は36パーセントになった。第2次世界大戦直前の1937年には70パーセントとさらに引き上げられた。

この高い税率は、戦後も基本的には維持され、1949年には85パーセントにまでなっている。

１９８６年まで70パーセント台であったが、１９８７年から60パーセントに引き下げられた。

１９８９年に50パーセント、１９９９年に37パーセントとなり、それ以降上昇に転じ、２００７年に40パーセント、２０１５年に45パーセントとなっている。

全体として、アメリカの動きに似ているが、最高税率が高い状態が、アメリカに比べてつい最近まであったことがわかる。

16

イギリス、アメリカでは、相続税の累進課税率も、急激に釣り上げられたのち、急激に引き下げられてきた。

英米と独仏の違いは、相続税のほうが顕著に出ている

図14-2「最高相続税率 1900-2013年」では、アメリカ、イギリス、ドイツ、フランスの各国の、高額遺産への最高税率の推移が示されている。

これを見ると、図14-1の累進所得税率で見られた傾向は、相続税にも当てはまることがわかる。

すなわち、第一次世界大戦前までは限りなく低かった税率は、第一次世界大戦後、新しい歳入源の必要に応じて、20パーセント弱〜40パーセントにまで急激に引き上げられた。

ただし、変動は国によってずいぶん異なる。

たとえばフランスでは、たしかに、5パーセント程度だった相続税が、第一次世界大戦後の1920年前後には20パーセント弱〜30パーセント弱にまで引き上げられている。

その後はやや引き上げられ、1980年代前半までは15～20パーセントくらいを上下しているが、1980年代後半には40パーセントにまで引き上げられている。

一方、アメリカでは1916年まで相続税が課されていなかったが、導入されるや1920年代には25パーセント、1940年代には80パーセント弱と、他国よりかなり高い水準にまで急速に引き上げられた。その後徐々に低下し、2010年には35パーセント前後になっている。

このように、累進所得税より累進相続税のほうが国によるばらつきが大きいが、**総じて所得税と同様、累進課税の強化は、有事の要請に応じたもの**だったことがわかる。

そしてここでも、やはりアングロ・サクソン国と非アングロ・サクソン国の違いが見て取れる。

英米は急激に釣り上げた後で、急激に引き下げているが、一方の独仏は、戦後、増減を繰り返しながらも、段階的に引き上げている。

14-2 『21世紀の資本』P525

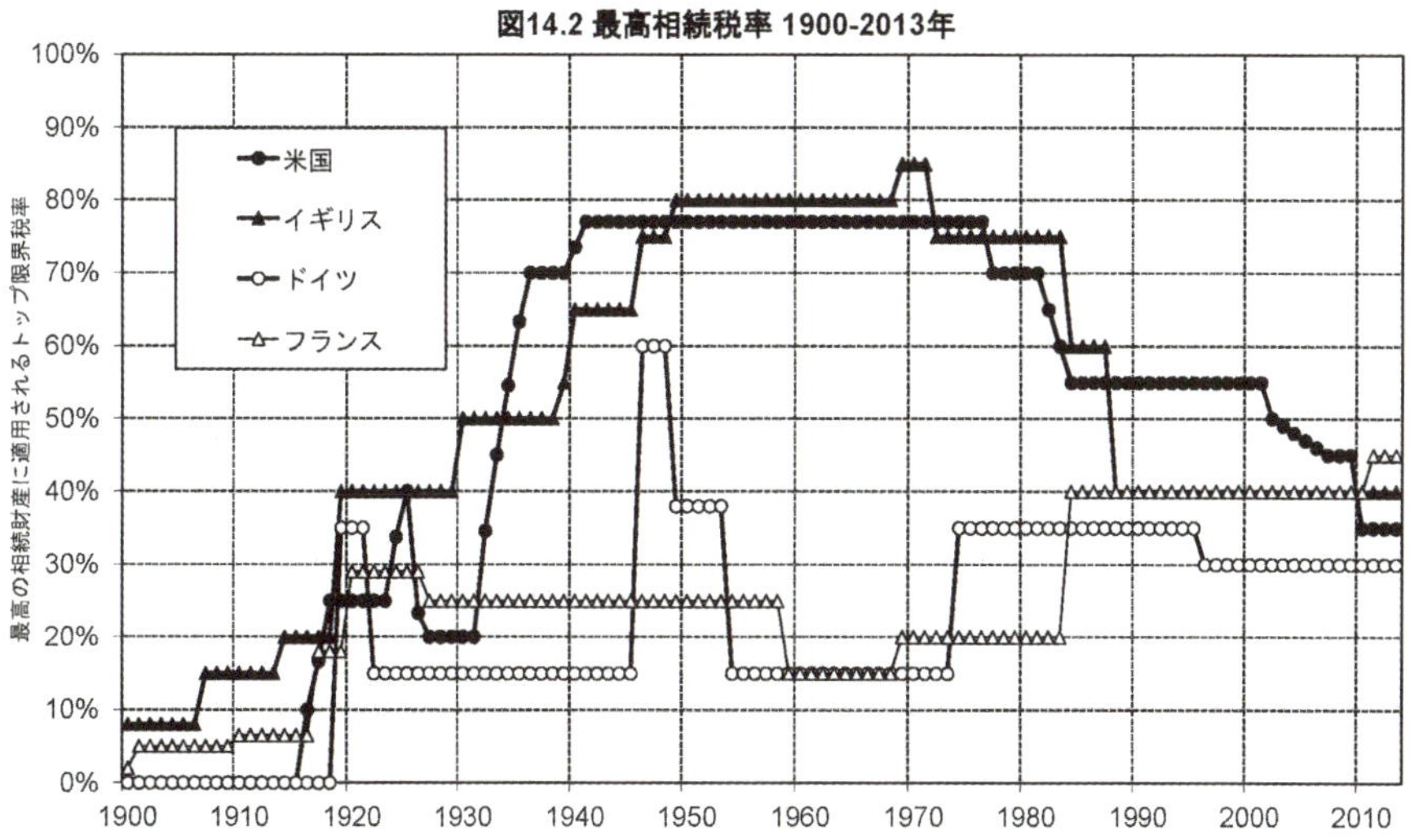

所得税の最高限界相続税率（最高の相続財産に適用されるもの）は、米国では1980年に70%だったのが、1988年には35 %まで下がった。出所と時系列データ：http://piketty.pse.ens.fr/capital21c を参照。

ちなみに1940年代後半のドイツで瞬間的に上昇しているのは、アメリカの統治時代のものだ。

つまり、この部分だけは、きわめてアングロ・サクソン的な考えを反映しているといえるのである。

欧米諸国より最高税率が高い日本の相続税

なお、相続税でも日本の経緯を書いておこう。

日本で相続税が創設されたのは1905年だ。日露戦争の戦費調達が目的だった。最高税率は相続によって異なり13〜14パーセントだった。

その後、基本的には最高税率はあまり変化しなかったが、1940年に33〜49パーセントへ引き上げられた。

戦後は、シャウプ勧告（アメリカのシャウプ使節団が作成した、日本の税制に関する報告書）によって、1950年に90パーセントとなった。1952年には70パーセントに下げられ、１９７５年に75パーセントに引き上げられるまで最高税率70パーセントは長く維持された。１９８８年に再び70パーセントと下げられ、２００３には50パーセントまで下げられた。

しかし、２０１５年は55パーセントに上がっている。

相続税でも、最高税率の動きはアメリカの動きに似ており、最高税率が高い状態が最近まであった。しかも、現在も過去も、その水準は欧米諸国より高いという特徴がある。

Part

2

結局のところ、ピケティは何を言いたいのか？

ｒ＞ｇの「補強証拠」として積み上げられた膨大なデータ

ピケティは、資本収益率ｒはつねにＧＤＰ成長率ｇに勝るため、放っておけば格差は拡大しつづけると結論づけた。

しかし、じつは、この**ｒ＞ｇの不等式が「いかに成り立つか」について、ピケティは、数学のように証明したわけではない。**

ただ、歴史的推移（事実）として、つねに資本収益率はＧＤＰ成長率より高かった――だから、その傾向は、きっと、これからも続くだろう、と予測しているだけなのである（図10-9）。

このシンプルきわまりない一点を言いたいがために、ピケティは、膨大なデータを積み上げてみせた。さまざまな角度からの検討を試みたあたりに、ピケケティの学者的な良心や矜持が感じられる。

さて、ピケティが取り上げたデータのなかには、本書でも取り上げたように、世界の地域格差の変遷や人口増加率、GDP成長率の推移や予測なども含まれている。ただ、これらは、まず世界の経済動向をざっくり頭に入れる、というくらいの前提知識である。

その上で、特に**ピケティが重視して取り上げたのは、いずれも格差の状況を垣間みることができるデータ**だ。

それらを示すことで、r＞gが歴史的な事実であり、かなりの確率で将来的にも続く傾向だということを示す、いわば「補強証拠」としたわけである。

具体的にいえば、本書で取り上げたもののうち、r＞gの補強証拠としてピケティが着目したデータは、次の三つだ。

・**資本／所得比率**……国民総所得に対する資本の比率。
つまり、国民が1年間に得る所得の、何年分に換算できる資本が存在しているか（図4-4、4-8、5-8）。
・**所得格差**……トップ1パーセントの所得比率。
つまり、全国民が得ている所得のうち何パーセントを、トップ1パーセントの高所得者が占めているか（図9-2、9-3、9-4、9-9）。
・**資本格差**……トップ1パーセントおよび10パーセントの資本比率。
つまり、全国民が持っている資本の何パーセントを、トップ1パーセントおよび10パーセントの資産家が占めているか（図10-6）。

すでにPart1で見たように、二つの大戦を経た戦後期には減少あるいは縮小しているが、その後はふたたび増加あるいは拡大している。
つまり、すべておいて、**戦後期は資産家の財力が削がれたものの、その後は**（それぞれ、程度や時期に若干のズレはあるものの）**復活していることが示さ**

れている、というわけだ。

これらのデータと、歴史上つねに存在してきたr＞gの不等式は、何ら矛盾しない。

だから、r＞gは、資本主義社会――特に図9-2（所得格差）、図14-1、14-2（累進税率の急降下）で明確に示しているようにアングロ・サクソン型の資本主義社会――の性向なのだ、とピケティは結論づけたのである。

なぜ、r＞gが格差拡大なのか？

ところで、なぜ、r＞gがそもそも格差拡大を示すことになるのかと、不思議に思った読者もいるかもしれない。

単純な話なのだが、改めて説明しておこう。

すでに説明したとおり、**資本収益率rとは、資本から得た所得の比率、つまり所有している資本から、どれだけの所得を得たか**、ということだ。

対する**GDP成長率g**とは、言い換えれば**所得成長率、つまり全国民の所得が前年からどれくらい増えているか**、ということだ。

なぜ、この二つの大小関係が、格差の状況を示すことになるのか。ここで言葉の概念がちゃんとわかっていないと、ぼんやりした理解になってしまう。

GDP成長率とは定義上、所得成長率と同じなのだが、これには**資本から得た所得も労働から得た所得も含まれる**。

ただ、割合としては労働所得が7割、資本所得が3割くらいなので、GDP成長率は、労働所得の伸び率と大差ないと見ていい。つまり、**gは、労働所得の伸び率を表す指標として使われている**ということだ。

一方、**資本収益率rは、資本所得の伸び率を表す指標として使われている**。

GDP成長率のうち、どれくらいが資本所得かというのはわからないが、資本収益率の増減は、すなわち資本所得の増減を表すからだ。

ちなみに、気づいた読者のために付け加えると、資本には公的資本も含まれる。ただ、すでに見たように、民間資本が占める割合のほうが圧倒的に多いから、ここでいう**資本所得は、民間資本の所得**だと思っていい。

本当なら、GDPを資本所得と労働所得とに分けて、それぞれの伸び率を比較するのが一番わかりやすい。しかしそんなデータは取れないから、**gを労働所得の伸び率、資本収益率rを資本所得の伸び率と見なしている**のである。

このことを理解すると、r＞gが示していることもわかるはずだ。

資本収益とは当然、資本家のもの、つまり一部のトップ層のものである。

したがって**資本収益率rのほうがGDP成長率gより大きくなるほど、トップ層はより豊かになり、ボトム層はより貧しくなる**、という図式になる。これが、**格差拡大**ということなのである。

しかも、特にアングロ・サクソン諸国では、スーパー経営者の台頭で労働所得においても一部のトップ層に食い込む人もいる。

トップ層は資本所得で儲ける人、さらにアングロ・サクソン諸国では桁違いの労働所得を得る人も加わっている、ともいえるのだ。

この結果が、非アングロ・サクソンとアングロ・サクソン国でのトップ1パーセントの所得比率という格差につながっているのである。

このまま放っておけば格差が拡大するというのは、何もピケティが独自に唱えた新説ではない。

特にアメリカなどでは、格差拡大は一般的にも感じられていたことだろう。「ウォール街を占拠せよ」のデモでは「私たちは（トップ1パーセントではない）99パーセントだ」というプラカードが掲げられていた。

アメリカでは、『21世紀の資本』が50万部という、専門書としては異例のベストセラーになったというが、格差が拡大しているという認識が広くあるなかで、「やはり」という確証を与えてくれる書物だったからではないか。

アメリカのみならず、格差拡大はすでに一般的な問題意識になっているし、少なくとも、つねにデータベースにアクセスしている経済学者の間では、いわば周知の事実だったといってもいい。

ただ、そのことを言うために、地道にデータを積み上げ、それらと矛盾なく、r＞gという不等式を示した点で、ピケティの仕事は意義深いといえる。

「格差拡大」という、みんなが何となく感じていたこと、また、経済学者の間ではすでに共通認識だったことを、ピケティは、膨大なデータとともに明るみに出したのである。

ピケティにとって格差を是正する「最善の解決策」とは？

では、歴史的事実として、もはや「避けて通れない」ともいえる格差拡大を、私たちはどうしていったらいいのか。

ピケティは、ここでも歴史に答えを求める。

すなわち、資産家の財力が削がれて格差が縮小した戦後期の欧米では、累進性の強い課税制度がとられていたことに注目したのだ（図14-1、14-2）。

たしかに、つねに資本収益率rが所得（世界産出）成長率gより高くなっているグラフのrを、「課税後」の資本収益率に置き換えると、資本収益率（税引き後）より所得成長率のほうが高い時期が現れる（図10-10）。

このデータから、**ピケティは、累進性の強い税率こそが格差縮小の鍵である**

とする。そのために国際協調のもと、すべての国で課税強化策を採用するべきだと言っているのである。

ピケティは、基本的には「データ」というきわめて冷徹で不動なものを相手にしている。だからこそ、主観に邪魔されず、観念的にも陥らない、ある種「公平な」歴史を描き出せたと言える。

ただ、「格差是正のための税制」を示唆するあたりには、ピケティの「思い」というか、「自分が理想とする社会像」とも言うべきものが現れているように感じられる。

ひと言でいえば、**より多く稼ぐ者と、より多く資産を持つ（相続する）者から、より多くの税をとり、社会に再分配すべきだ、という理想像**である。

これについては、人それぞれ考え方は違うだろう。私にも、格差是正については経済学者として一家言ある。

本書は『21世紀の資本』の解説書なので、詳しく述べないが、日本の相続税負担が海外より高いことを踏まえると、税制より税の執行（番号制や歳入庁）で公平にした上で、日本の高い相続税制を活用し、高い成長によって、格差を是正するというものだ。コラム①を参照されたい。

要するに、これは絶対的な答えが一つだけあるのではなく、私たちがどういう社会を選ぶか、という問題なのである。

だからピケティも、どうしたら格差是正になるかについては、躊躇なく個人的な思いを込めたのだろう。

実は、ピケティ自身もインフレには格差是正の効果を認めているが、インフレよりも税制という精緻な手段のほうがいいという、自身の価値観を述べているのだ。

『21世紀の資本』は何が画期的なのか？

かつてサイモン・クズネッツは、資本主義の初期段階では所得格差が拡大するが、やがて経済成長によって所得格差は縮小していく、と唱えた。クズネッツは第一次世界大戦以降の所得税の時系列データを分析し、所得格差のレベルがいったん上がって下がる、「逆U字曲線」を描き出した。その理論により、ノーベル経済学賞を受賞している。

主観や観念論ではなく、「データありき」で歴史を分析する点において、ピケティのスタンスもクズネッツとまったく違わない。

それなのに、なぜ、「格差は縮まる」というクズネッツとは正反対の結論に、ピケティは至ったのだろうか。

答えは単純だ。

クズネッツが取り上げた時間軸と地域をもっと広げたら、まったく違う傾向が見えてきた、ということである。


「データありき」の研究スタンスでは、集めるデータの「量」と「幅」が一番のキモとなる。


クズネッツは、「第一次世界大戦以降のアメリカの所得税」という、量的にも幅的にも、かなり限定されたデータを分析した。その限りでは、たしかに逆U字曲線が描き出され、「格差は縮小する」という分析結果になる。

ところが、ピケティがそうしたように、より長い時間軸、より幅広い地域を見てみると、格差は、たしかにいったん縮小するものの、また拡大するという傾向が見いだせるのである。

要するにクズネッツは、ピケティが示した「一時的に格差が縮小する」の部分だけを見て「資本主義が成熟すると格差は縮小する」と言っていたのだ。

ピケティは、クズネッツの時代にはとうていアクセス不能だったデータを入手できたことで、もっと普遍的な傾向を見つけることができた。

データを集めた国は20カ国、取り上げたタイムスパンは、古代ゼロ年からの推移と2100年までの予測、つまり2000年分余りにも及ぶ。

何百人もの経済学者が協力して作り上げている、優れたデータベースに恵まれてこその仕事だったといえるだろう。

ともあれ、**より幅広く、長い時系列のデータを地道に並べてみたことで、ピケティは、ノーベル賞を受賞したクズネッツの理論を覆してしまった。これが、『21世紀の資本』のもっともおもしろく、画期的な点**である。

前からクズネッツを知っていたという人は、そう多くはないかもしれない。

しかし、**『21世紀の資本』を理解することで、読者は、経済学に新たなページが加わった歴史的瞬間に、はからずも立ち会ったことになる**のだ。

Part 3

『21世紀の資本』その先の可能性

——ピケティからの「返答集」

(日本語未翻訳論文)要約

イギリスの社会学雑誌に掲載されたピケティの論文

ピケティの『21世紀の資本』は、出版されるや多くの注目を集めた。とりわけ学者たちの反応は機敏であり、経済学のみならず、社会学や政治学、人類学、歴史学など、社会学系の学者にも広く読まれたようだ。

ここに、『The British Journal of Sociology』というイギリスの社会学雑誌（2014年12月号。ピケティ・シンポジウム特集）に寄稿された、ピケティの論文がある。これは、いわば、社会学系の学者たちが書評などを通じて表した批評への、ピケティからの「返答集」だ。

ピケティは、まず『21世紀の資本』が学問の枠を超えて広く読まれたことへの謝意を述べ、さまざまな批評に応える形で、みずからの研究の今後の展望を示している。

この論文は、現時点（２０１４年12月）で日本未翻訳である。いくつか重要と思われるところを抜粋して訳し、『21世紀の資本』のその先の可能性を見ていきたいと思う（訳文中、英字表記されているものは、批評を出した学者の名前）。

低賃金など労働環境の問題について

この著では、一貫して教育制度（特に高等教育、高い水準の学校や大学といった教育機関へのアクセスの公平性）、財政機関（特に収入、相続、資産に対する強い課税）の重要さについて述べた。

さらに、私が収集した20カ国、３００年にわたる歴史の中で、格差の現象に大きく関与したと見られる、他の多くの制度や政策についても言及している。

［中略］

しかし、これら多くの制度は十分に分析・研究されるに至っていない。労働組合や低賃金の問題——第9章で深く触れられる——については、細部に至るまでは検証されていない。Bearは、労働環境や危険な労働の問題と、労働市場の構築、それらと財産（公的債務も含む）の関係性については何も明らかにされていない、と指摘している。

都市と郊外の地域格差について

『21世紀の資本』は、何よりも資本と権力の歴史を多面的に解説した書である。その分、ほかの多くの重要な分野が十分に取り上げられてこなかったことは認める。

Jonesは、資本の地理的分布図——北と南、都市と郊外、中核と周辺の——は正しく明示されてしかるべきだった、と指摘しており、これは実に正しい意見であると思う。Savageによれば、私の著書の中で指摘されている重要な構造変化の一つが、都市部と周辺地域におけるエリート層の変容であるとのことだ。

たしかに、こういった地理的側面については、より丁寧に明示されてしかるべきだった。

ジェンダー（性別）の格差について

ある種のケースでは、研究者は社会階級の区別方法を改良して、より細分化する必要もありうる。たとえばSoskiceは、下位50パーセントの中でも最も貧しい層（つまりは最下位にあたる10パーセントと言っていいだろう）を厳密に区別する必要があると指摘している。これを、私は実践できていない。

さらに言うと、すべてのグループは、セクターや年齢、ジェンダー、さらにジェンダーにまで細分化される必要がある。Perronsは、格差の分析を、さらにジェンダーの領域にまで推し進めて思考する必要があると指摘している。

この指摘には私も全面的に同意する。とはいえ、この著書ではジェンダーの問題がまったく無視されているわけではない。結婚パターンの多様さが、富の格差に大きく関与している点は強調しているし、18世紀、19世紀の政策が女性の人権無視を基盤に成立していた事実を、繰り返し参照している。また各国の富の差を分析する際、各政府のジェンダー問題に対する親和性についても強調するようにしている（第2章）。

しかしながら、ジェンダーの格差については、さらに明瞭な手法で提示すべきだったと考えている。こんにち入手できるデータの中には、ジェンダー格差の分析を進めるのに有効な、貴重な情報が多く見られるため、ジェンダー格差の問題は、今後、格差研究における重要な、中心テーマとされるべきである。

累進課税の強化について

格差と制度への私の歴史的アプローチは、いまだ探求の途上にあり、まだまだ未完の思索である。特に、今勃興している新たな社会運動や政治活動への参加動員が、今後、はたして制度改革にどのような影響を与え得るかなどについては、この著では十分に語ることができていない。

また、私は累進課税に思索を集中させた一方、たとえば所有権制度の他の可能性など、多くの制度改革の様相や可能性については、十分に言及できなかった。

累進課税がとりわけ重要であると考えたのは、この制度によって、企業の資産や口座の可視化が可能になるかもしれないからだ。そして可視化によって新たな形のガバナンスが可能になると考えている（たとえば企業での雇用機会を増やすなど）。

Plachaudは、グローバルな課税の提案に対する極端な論及は、その他、実行可能であるかもしれない社会発展から注意をそらしてしまう危険がある、と論じている。

そういった指摘をしたのは、おそらく私が、富裕税の進歩と改善を一歩ずつ着実に推進することの重要性を、ことさら強く信じているということについて、十分に説明できていなかったからだろう（そのような税制が何百年にも渡って制度化されていたことも、過去にはあった）。

富裕税を徐々に、純資産に対する累進課税へと変化させることは可能で、イギリスなどでは、すでにそういった動きが始まっている。さらに、この動きが仮に進歩したとして、それは資本主義を再び民主主義の手に取り戻すための、いくつもの可能性の一つに過ぎないということ。この点については、もっと明瞭に説明しておく必要があったのかもしれない。

ピケティが読む「今後の格差社会」

「１７８９年よりも格差は大きかったにもかかわらず、１９１４年まで、フランスのエリート層が「フランス革命以降、人民は公平になった」という主張によって累進課税を頑《かたくな》に拒みつづけた」この史実は、現代社会が陥るかもしれない危機を暗に示しているのではないだろうか。

そういった危機に、現代の成長思想と市場競争が十分に対処できると妄信するのは、実に危険である。そもそも1914年以前のイギリスもフランスも、決して農業中心の停滞した社会などではなかった。むしろこの時代にこそ、自動車、電気、無線、金融のグローバル化などといった重要な変革が起こっている。

これらは少なくとも、こんにちでいう情報テクノロジーと同じくらいに重要な技術革新だったはずだ。ところが、rとgの理論が表しているように、それらは富の一極集中化を止めるのに十分な力とはならなかったのである。

つまり現代の工業成長は、資本収益率と経済成長率の間に横たわる大きなギャップを埋めることが、結局できなかったのだ。18世紀、19世紀、そして第一次大戦まで多くの社会で見られた、一部への極端かつ強固な富の集中を説明するときに、rとgの間に隔たる動かしがたく大きな差は、非常に重要な意味を持つ。

もちろん、何も制度の変革には必ず戦争や革命、何かしらの暴力的な政治的ショックが必要であるなどと言うつもりはない。社会通念やそれに伴う認識、政策を変容させるにあたって、当然、平和的な話し合いも有効なはずだ。

たとえば今日の米国、そして米国のみならず世界中で拡大し続ける格差問題は、むしろ近い将来、正しい政策が施行されるきっかけとなるかもしれない。

もちろん、だからといってそれを漫然と期待していてはいけない。重要なのは、これまでの歴史でいかに政治的対立が格差と制度改革に影響を与え、ある種の役割を担ってきてしまったかについて理解を深めなければならない、ということなのだ。

変化を求め、実現するにあたって、過去いくつもの大きな戦いが繰り広げられてきた。そして今後、近い将来、それらと同じことが起こらないとは限らない。

「経済を他人任せにしてはいけない」

『21世紀の資本』で、ピケティは多面的に格差を論じた。

しかし、それでもまだまだ、スポットが当たっていない側面があることが、『21世紀の資本』に寄せられた批評によって明らかになっている。

都市と郊外の格差や、ジェンダーの格差なども含めた幅広い側面から、格差社会の全容をより明確にとらえることにおいては、さらなるピケティの研究が待たれるところだ。

そして**今後、私たちの社会はどんな変容を遂げていくのか。**

それは、私たち一人ひとりの考え方にかかっている。

「経済のことはよくわからないと言って済ましてしまうのは安易すぎる。他人任せにしてはいけない」

――ある一般向けの講義のなかでピケティがこう話したように、**個人個人が正しい知識をもって、社会について考えていく**こと。

こうした主体性こそが、この格差社会を変えていく原動力となるのである。

［参考文献］
・『21世紀の資本』みすず書房

著者紹介

高橋洋一（たかはし・よういち）

1955年東京都生まれ。都立小石川高等学校（現・都立小石川中等教育学校）を経て、東京大学理学部数学科・経済学部経済学科卒業。博士（政策研究）。
1980年に大蔵省（現・財務省）入省。大蔵省理財局資金企画室長、プリンストン大学客員研究員、内閣府参事官（経済財政諮問会議特命室）、内閣参事官（首相官邸）等を歴任。小泉内閣・第一次安倍内閣ではブレーンとして活躍し、「霞が関埋蔵金」の公表や「ふるさと納税」「ねんきん定期便」など数々の政策提案・実現をしてきた。2008年退官。現在、嘉悦大学ビジネス創造学部教授、株式会社政策工房代表取締役会長。
『バカな外交論』『バカな経済論』（あさ出版）、第17回山本七平賞を受賞した『さらば財務省！ 官僚すべてを敵にした男の告白』（講談社）など、ベスト・ロングセラー多数。

【図解《ずかい》】ピケティ入門《にゅうもん》
たった21枚《まい》の図《ず》で『21世紀《せいき》の資本《しほん》』は読《よ》める！〈検印省略〉

2015年　3　月　1　日　第　1　刷発行

著　者――高橋 洋一（たかはし・よういち）
発行者――佐藤 和夫

発行所――株式会社あさ出版
〒171-0022 東京都豊島区南池袋 2-9-9 第一池袋ホワイトビル 6F
電　話　03 (3983) 3225（販売）
　　　　03 (3983) 3227（編集）
F A X　03 (3983) 3226
U R L　http://www.asa21.com/
E-mail　info@asa21.com
振　替　00160-1-720619

印刷・製本 （株）シナノ
乱丁本・落丁本はお取替え致します。

facebook　http://www.facebook.com/asapublishing
twitter　http://twitter.com/asapublishing

©Yoichi Takahashi 2015 Printed in Japan
ISBN978-4-86063-740-8 C0030

★ あさ出版の好評既刊 ★

バカな経済論

髙橋洋一 著　四六判変型　本体1,300円＋税

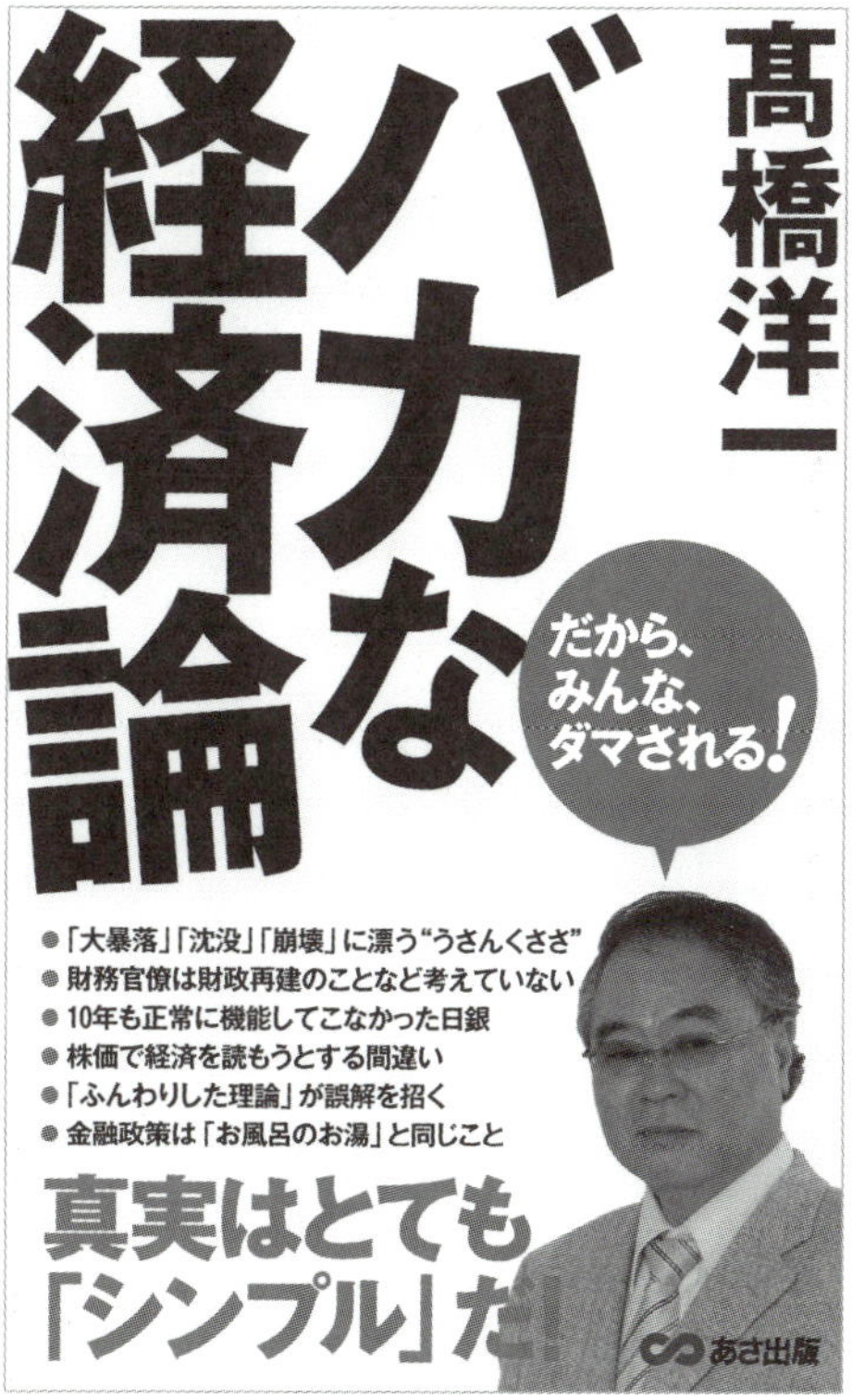

世の中に流布する「経済の話」の
ほとんどはトンデモ論 !?
ダマされずに真実を見抜くための1冊！

あさ出版の好評既刊

バカな外交論

高橋洋一 著　四六判変型　本体1,300円＋税

「感情論」や「思い込み」ではなく、
きちんと筋の通ったロジックで
外交問題を考えるための1冊！